D1721807

hänssler

Businesspower für Gottes Ziele

Wie Unternehmer zu Missionaren werden
und umgekehrt

Heinz Suter
Dr. Marco Gmür

Heinz Suter, Banklehre, Studium in interkultureller Forschung an der Columbia International University, S.C., USA mit MA-Abschluß. Seit 1978 in der internationalen Mission tätig. Von 1984–96, zusammen mit seiner Frau, Aufbau
von PM International in Südamerika, Nordafrika und Zentralasien. Geschäfts-
tätigkeit im Import/Export.
Heinz Suter lebt heute mit seiner Frau und drei Kindern in Basel.

Marco Gmür, Absolvent der Columbia International University, S.C., USA,
Promotion in Missiologie. Arbeitete mit seiner Frau u. a. unter asiatischen und
islamischen Volksgruppen und sammelte eigene Erfahrungen im Gemeindepio-
nierdienst. Z. Zt. als Leiter und Berater in der Entwicklungshilfe tätig und bei
einem international tätigen Missionswerk.

© Copyright der englischen Ausgabe 1997 by Heinz Suter und Marco Gmür.
Published 1997 by VKG Verlag für kulturbezogenen Gemeindebau,
CH-3280 Greng-Murten.
Originaltitel: Business Power for God's Purpose. Partnership with the
Unreached
Übersetzt von Dieter Mehrens

hänssler-Paperback
Bestell-Nr. 393.080
ISBN 3-7751-3080-2
© Copyright der deutschen Ausgabe 1997 by Hänssler-Verlag, Neuhausen-
Stuttgart
Titelfoto: AV Medienteam, Andreas Vogt, Anthony Wernli
Umschlaggestaltung: Peter Schäublin, Ingo C. Riecker
Gesamtherstellung: Ebner Ulm
Printed in Germany

Inhalt

Vorwort 7

Vorbemerkungen der Autoren 9

Einleitung 12

1. Kapitel:
Biblische Grundlagen 14

2. Kapitel: Geschichtliche Grundlagen
Nestorianische Geschäftsleute
als »Träger des Evangeliums« 23
Das 18. und 19. Jahrhundert 27
   Die Herrnhuter 27
   Die Basler Mission 34
   Friedrich Wilhelm Raiffeisen –
   der christliche Geschäftsmann par excellence 51

3. Kapitel: Aktuelles Zeltmachertum
Drei Fallstudien 57
   Eine kleine spanische Import-Export-Firma 57
   Eine multinationale Beratungsgesellschaft
   mit Sitz in den Vereinigten Staaten 60
   Eine nicht-westliche Weltklasse-Textilfirma 63

4. Kapitel: Ethische Grundlagen
Einführung 66
Business und Ethikgeschichte 67
Martin Luthers »vocatio dei« 70
Johannes Calvins protestantische Ethik
von Arbeit und Kapital 71

Calvins historisches Umfeld 71
Calvins Lehre vom »Kapital« 73
Arbeitsethik in der Geschichte 75
Calvin über »Arbeit« 77
Die Puritaner 78
Die Thesen Max Webers 80

5. Kapitel: Businesspower für Gottes Ziele heute?
»Ganzheitlicher« Lebensstil 85
Herausforderung Nummer 1: Ein geistliches
Geschäftsverständnis oder: Keine Trennung
von Sakralem und Säkularem 86
Herausforderung Nummer 2: Fleiß und Disziplin ... 89
Herausforderung Nummer 3: Ehrlichkeit 91
Herausforderung Nummer 4: Feste und faire Preise 93
Herausforderung Nummer 5: »Qualität« als
Markenzeichen 95
Herausforderung Nummer 6: Hohe Qualifikation
im Beruf 97
Herausforderung Nummer 7: Eifer in
Evangelisation und Jüngerschaft 99
Herausforderung Nummer 8: Soziale Solidarität 101
Herausforderung Nummer 9: Wirkung auf das
ganze Gemeinwesen 103
Herausforderung Nummer 10: Politischer Einfluß .. 105
Notwendige Vorkehrungen 106
Spannungen bezüglich der Motivation 106
Kursabweichungen 109
Korruption 111
Risiken 115

Schlußfolgerungen 117
Auswertung 123
Fußnoten 127

Vorwort

Die Vision Gottes; Matth. 6, 10 – 20

»Dein Reich komme, Dein Wille geschehe, wie im Himmel, so auch auf Erden.« Liegt es tatsächlich an uns als Jünger Jesu, das Territorium einzunehmen und das Land mit dem Sinn Christi zu durchdringen, auf daß sein Wille in unserem Verwalterschaftsbereich genauso geschieht, wie es heute bereits im Himmel der Fall ist? Jawohl, dies gilt auch im Bereich Business, welchen der Herr für seine Zwecke benutzen möchte. Er braucht unsere Geschäfte so, wie er damals den Esel gebrauchte, um nach Jerusalem einzuziehen.

Wir christlichen Geschäftsleute sollten es nicht länger zulassen, daß unsere kreative Energie, welche in der Liebe Christi beinhaltet ist, durch unsere selbstsüchtige eigene Agenda abgewürgt wird.

Die Mission Jesu; Matt. 28, 18 – 20

Ist unser Handeln in Harmonie mit seiner Mission, welche lautet, »Geht hin und macht alle Nationen zu Jüngern . . .«? Weshalb sollten wir dies tun? Antwort: Weil ihm alle Macht im Himmel und auf Erden gegeben ist, und weil uns diese seine Macht zur Verfügung steht, wenn wir ihm gehorchen.

Die Strategie des Heiligen Geistes; Kol. 3, 24

»Was ihr auch tut, arbeitet von Herzen als dem Herrn . . ., da ihr wißt, daß ihr vom Herrn als Vergeltung das Erbe empfangen werdet.« Glauben wir dem Wort Jesu passiv oder in aktivem Gehorsam? Gehorsam gegenüber der Führung des Heiligen Geistes, dessen Strategie die Mission Jesu durch uns vollenden möchte, damit die Vision Gottes sichtbare Realität wird und wir – ganz nebenbei – auch noch in unsere Erbschaft hineintreten können.

Das Anliegen der Autoren dieses Buches, Heinz Suter und Dr. Marco Gmür, ist es, daß die Geschäftsleute, die zum Leib Jesu gehören, neu die Vision, Mission und Strategie Gottes verstehen und sich ihr in Glauben, Gehorsam und selbstloser Liebe hingeben. Ich bin überzeugt, daß ihnen dieses Anliegen gelungen ist.

Diplom-Betriebswirt Claus Philippin
Consultant, Präsident ICCC-Deutschland

Vorbemerkungen der Autoren

Wie kann man »Business power« (»Geschäftsmacht«) für Gottes
Ziele nutzbar machen? In einer Welt umfassender wirtschaftlicher Unruhe und Verunsicherung, der Korruption und unglaub-
lichen sozialen Ungerechtigkeit, des Leidens und der Armut
kann von einem Mangel an Herausforderungen, an Bereichen,
für die Kräfte im Reich Gottes zu mobilisieren wären, wahrlich
nicht die Rede sein. Gottes Rettungsplan für die Verlorenen sieht
die Kooperation einer großen Anzahl ihm hingegebener Leute
vor, die bereit sind, die sich bietenden Gelegenheiten zu nutzen,
um sicherzustellen, daß das Evangelium dort gepredigt wird, wo
die Menschen nichts von Christus wissen (Röm. 15, 20).

Um diese Aufgabe zu erfüllen, bedarf es – das liegt auf der Hand
– jenes »klassischen« Missionars, der das Evangelium verkün-
digt. In unserer Zeit wandelt sich das Bild des Missionars jedoch
rapide. Viele Länder, in denen es ein hinreichendes Zeugnis von
Christus nicht gibt, sind für offizielle Missionsarbeit nicht offen.
Folglich müssen die Missionare andere Zugangsmöglichkeiten
für diese Länder finden. Man spricht auch von »Zeltmachern«.
Die zweite notwendige Gruppe von Arbeitern stellen die Ent-
wicklungshelfer, die den materiellen Bedürfnissen der Armen zu
begegnen suchen. Schließlich braucht die Welt auch christliche
Geschäftsleute, die Gottes Anliegen für Hunderte von unerreichten Volksgruppen teilen, insbesondere im Hinblick auf die
erwähnten schwer zugänglichen Länder. Geschäftsleute können
für die Ausbreitung des Reiches Gottes von unschätzbarem Wert
sein, wenn sie ihre Geschäftsverbindungen, ihr Fachwissen, ihren
Einfluß sowie ihre logistischen, personellen und finanziellen
Mittel nutzen, um zu Gemeindegründungen beizutragen, dort,
wo Christus noch unbekannt ist, »damit die Völker ihn für seine
Gnade rühmen« (Röm. 15, 9).

Interessiert es Sie, zu erfahren, wie ein solcher Beitrag aussehen kann, wie sie an dieser großartigen Aufgabe teilhaben können? Dann ist dies ein Buch für Sie!

Die Veröffentlichung dieses Buches hat die Mithilfe einer Vielzahl von Leuten erfordert. An dieser Stelle danken wir besonders Herrn Dietmar Mehres für seine Übersetzungsarbeit. Ohne unsere freiwilligen Editionshelfer aus der Zeltmacherbewegung wäre das Manuskript dennoch niemals rechtzeitig fertig geworden. Ein spezieller Dank gilt Helga de Vries für ihre Endlektorierung. Ebenso danken wir der Freien Hochschule für Mission in Korntal bei Stuttgart sowie Dr. Philip Steyne und Dr. Hamilton von der Columbia International University für die Genehmigung, Teile von Dr. Marco Gmürs Dissertation und einen großen Teil von Heinz Suters Magisterarbeit zu publizieren. Unsere tiefste Anerkennung und unser herzlichster Dank gilt unseren lieben, verständnisvollen Frauen, die sich, unerschütterlich in der Zuversicht an der Notwendigkeit dieses Buches, immer wieder als Quelle für neue Motivation erwiesen haben.

Der Großteil dieses Buches ist eine Verschmelzung von Suters Magisterarbeit »Trade and Business: A Vehicle for Missions to Reach the Restricted-Access World« und Gmürs Dissertation »Different Types of Mission Approaches of Tentmakers Among Unreached Muslim People Groups«. Da sich dieses Buch nun vorwiegend an christliche Geschäftsleute und weniger an ein wissenschaftliches Publikum richtet, sind die Anmerkungen am Ende der Arbeit auf nur direkt zitierte Quellen und einige unerläßliche Erklärungen beschränkt worden. Zum Zwecke der weiteren wissenschaftlichen Nachforschung sei auf die Originalarbeiten verwiesen, die bei der Columbia International University erhältlich sind. Das Register ist auf wesentliche Schlüsselwörter begrenzt. Es entspricht dem Wunsch der Autoren, daß diese Ausgabe auf der Ebene der aktiven Geschäftswelt ausgewertet wird. Die praktischen Ergebnisse von Joint-ventures zwischen Organisationen der Geschäftswelt und den unter den Unerreichten tätigen Zeltmachern werden auf spätere Auflagen Einfluß haben.

Heinz Suter
Dr. Marco Gmür

Einleitung

Seit den Tagen des Urchristentums und der nachapostolischen Zeit, von den missionarischen Bemühungen der Nestorianer über das Zeitalter der Seidenstraße bis hin zu den Herrnhutern im 18. Jahrhundert und den Basler Missionen im 19. Jahrhundert und schließlich auch unserer Epoche haben gottesfürchtige Menschen in Handel und Gewerbe – gleichwie Paulus, der Apostel und Zeltmacher – eine Schlüsselrolle für das Wachstum des Reiches Gottes gespielt.

Im Mittelalter erließ die Kurie Verbote in bezug auf den Brauch des Verleihs, so daß Handel und Geschäft zur Streitfrage wurden. Die Architekten der Reformation, Luther und Calvin, legten die Fundamente für ein neues, protestantisches Ethos zu den Fragen Arbeit und Kapitalerwerb, das die Puritaner als Bestandteil ihrer täglichen Geschäftspraxis fortführten. Max Webers Entwurf ist ein Versuch, die Wechselbeziehungen zwischen Geschichte, der Wirtschaft und dem Geistlichen aufzuzeigen.

Eine Reihe von klaren Prinzipien sind von den beschriebenen Perioden und Beispielen abzuleiten, Prinzipien, die zusammengenommen die wesentlichen Merkmale für den Lebensstil eines Christen im Geschäftsleben ergeben. Vor allem anderen hatten diese Menschen ein geistliches Verständnis von ihrer Arbeit. Sie waren disziplinierte und gewissenhafte Arbeiter. Aufrichtigkeit war ihr Markenzeichen, feste und faire Preise ihre Visitenkarte. Ein anderes Merkmal war die gute Qualität ihrer Arbeit und ihrer Erzeugnisse; denn sie waren Fachleute mit großem Geschick. Soziale Solidarität zeichnete sie ebenso aus wie unbändiger evangelistischer Eifer. So war ihre ausgedehnte Wirkung innerhalb des Gemeinwesens eine logische Folge, und politischen Einfluß gab es sozusagen als Bonus gleich dazu.

Auch weniger positive Aspekte sind zu berücksichtigen. So taucht die Frage nach der Motivation auf, die Gefahr, vom eigentlichen Kurs abzukommen, kommt zur Sprache, und die naturgegebenen Risiken und die Empfänglichkeit im Hinblick auf Korruption werden diskutiert.

Trotz all der Streitfragen der Geschichte und der Vorsichtsmaßnahmen, die getroffen werden müssen, bilden Handel und Geschäft noch heute einen guten Träger für die Mission unter »Unerreichten« in den schwer zugänglichen Teilen der Welt! Dies ist heute, an der Schwelle zu einem neuen Jahrtausend, die Herausforderung an die Kirche, die christlichen Geschäftsleute und die Missionswerke in der ganzen Welt.

1. Kapitel: Biblische Grundlagen

Wie sah die Geschäftswelt im ersten Jahrhundert nach Christus aus? Mehr als zu jeder anderen Zeit in der Geschichte basierte der ganze Bereich von Handel und Kommerz auf der Reisetätigkeit. Die Menschen in Klein-Asien (heutige Türkei) besaßen eine außergewöhnliche Begabung für Geschäfte und im geistlichen Sektor.

Dafür gibt es einen biblischen Beleg in Apostelgeschichte 16, 14, wo »Lydia aus der Stadt Thyatira, eine Verkäuferin von Purpur« genannt wird. Thyatira hat als Geschäfts- und Handelszentrum eine lange Geschichte. Sie gehörte zu Klein-Asien und hatte Verbindungen zu den Haupthandelswegen jener Zeit. Sie ist zugleich eine von den sieben Städten, die in Offenbarung 1, 11 genannt werden. Es ist durchaus interessant, einen genaueren Blick auf die gewerblichen Charakteristika einiger dieser Städte zu werfen, wie z.B. Ephesus, das ein großes Ausfuhrzentrum am Ende der asiatischen Karawanenroute war, oder Smyrna, der natürliche Hafen der früheren Handelsroute, oder Thyatira selbst, das auch ein wichtiges Zentrum für Manufaktur war, namentlich für Färberei, Töpferei, Gewandschneiderei und Messingverarbeitung. Der führende Handel in Sardes war die Herstellung und Färbung wollener Gewänder. Philadelphia war am Eingang zu einem sehr fruchtbaren Landstrich auf einer Hochebene gelegen, dem es einen Großteil seiner kommerziellen Blüte verdankte. Laodizea war ein außerordentlich wohlhabendes Handelszentrum, aus dessen Produktpalette Gewänder aus glänzender schwarzer Wolle und Arzneien in Tabletten- oder Pulverform herausragten.[1] Paulus war sich über die Wichtigkeit solcher Handelsstädte schon im klaren, als er hier Gemeinden etablierte. Diese Orte waren Zentren im Welthandel und diese Zentren geistiger und wirtschaftlicher Betätigung wurden ganz folgerichtig auch Zentren christlicher Betätigung. In diesem Bewußtsein dienten sie als Zentren der Einheit, wissend um die Verantwortung für eine Welt jenseits ihrer eigenen ... Paulus und seine Freunde waren Pioniere einer Zivilisation, die sich bis zu den sie umgebenden Barbarenvölkern ausdehnen sollte.

Es vermag nicht zu überraschen, daß unter den ersten Botschaftern des Evangeliums kleine Händler und Kaufleute aus Klein-Asien waren, Verkäufer von Gewändern und Gewürzen in Marseille und Lyon, Alexandria und Karthago.[2] Händler wußten, wie man über Gott berichten konnte, und glaubten nicht ohne überzeugende Argumente.[3] Unter Bezug auf die frühe Gemeindegründung in Lyon/Frankreich, deren erster Bischof Irenäus von Klein-Asien war (2. Jahrhundert n. Chr.), stellt Norbert Brox fest, daß es in Vienne und Lyon Erzminen gab, eine Glas- und Keramikproduktion ebenso wie Textilhandel. Offenbar waren diese Städte für Kaufleute und Siedler attraktiv. Übersiedler aus Klein-Asien erhielten intensive Kontakte zu ihren Heimatgemeinden aufrecht.[4]

Bald sollten verschiedene Handelsstädte in Südfrankreich wie etwa Marseille, Arles, Vienne und Lyon Gemeinden haben. Es ist in diesem Zusammenhang sehr interessant zu sehen, daß das Christentum während der ersten Jahrhunderte im wesentlichen ein städtisches Phänomen war. Über die Handelsstraßen bewegte es sich von Stadt zu Stadt vorwärts. Die logische Folge davon war, daß eine große Schar von Kaufleuten in diesen Städten Wohnung nahm, um von hier aus ihren Handel mit Flachs, Wolle und Textilien zu betreiben, und es in Südgallien bald von Kaufleuten wimmelte. Es scheint sich hier ein bestimmtes Muster ausmachen zu lassen, wie Gott Handels- und Geschäftsverkehr als Träger und Motor für Mission nutzte. Apostelgeschichte 18, 1 – 3 zeigt, wie er ganz normale Geschäftsleute wie Priszilla und Aquila gebrauchte, die im gleichen Gewerbe tätig waren wie Paulus, als sie in Korinth zu dem Apostel stießen: »Denn sie waren Zeltmacher ihres Handwerks« (Lederverarbeitung). Sie kamen gut miteinander aus, weil Aquila ein vollendeter Geschäftsmann war. Sein besonderes Geschick war die Arbeit mit Leder, und er fertigte Sättel, Gürtel und Zelte, wofür ein kriegerisches Volk wie die Römer, derart vernarrt in Pferde, ihm genug Arbeit verschaffte. Die Wahl seines Wohnortes war auf solche Orte beschränkt, die es ihm gestatteten, etwas von römischer Kultur wiederzufinden und gleichzeitig die Möglichkeit boten, seinen Unterhalt zu bestreiten.[5]

Gott gebrauchte Priszilla und Aquila sogar als Gastgeber einer Hausgemeinde (Röm. 16, 3 – 5 und 1. Kor. 16, 19). Aber sie reisten auch viel herum. Es wird berichtet, daß sie in Rom waren (Apg. 18, 2). Als sie Paulus trafen, war das in Korinth (Apg. 18, 2). Von hier aus begleiteten sie ihn weiter nach Ephesus, wo sie Apollos schulten (Apg. 18, 18 – 28).

Zu guter Letzt sei, wie bereits oben angedeutet, das Beispiel des großen Apostels selbst gemäß Apostelgeschichte 18, 1 – 3 angeführt. Hier ist erstmals von den Fähigkeiten des Paulus als Handwerker, als Zeltmacher, die Rede. Diese Betätigung stimmte vollkommen mit den rabbinischen Gepflogenheiten jener Tage überein. Ein Rabbi hatte »kostenfrei«[6] zu lehren und mußte daher neben dem Studium der Schriften und neben dem Unterricht einen Beruf erlernen, durch dessen Betätigung er sich selbst ernähren konnte. Da Tarsus, die Heimatstadt des Paulus (Apg. 9, 11 + 30), »ein bekanntes Zentrum des Zeltmachergewerbes war«[7], lag es auf der Hand, daß Paulus diesen Beruf erlernen würde.

Wir fahren fort und sehen Paulus sein Handwerk drei Jahre lang in Ephesus ausüben (Apg. 20, 31 – 35) und wieder in Thessalonich (1. Thess. 2, 9; 2. Thess. 3, 8), gleichzeitig andere ermunternd, es ebenso zu tun. Doch steht dieses Beispiel in keiner Weise im Widerspruch zu der Tatsache, daß Paulus von Zeit zu Zeit auch durch Spenden finanziert wurde (2. Kor 11, 8 – 9; Phil. 4, 10 – 19), damit er als »Vollzeitler« tätig sein konnte. Wie viele aus der großen Schar der ersten Christen, die aufgrund von Verfolgung über die ganze Welt verstreut worden sind (Apg. 8, 1 – 4; 11, 19 – 24), einfache Händler, Kauf- und Geschäftsleute waren, wird sich wohl erst in der Ewigkeit erweisen. Im Hinblick auf das biblische Konzept des »Zeltmachertums« ist die Frage relevant, ob Paulus sich selbst als Geschäftsmann (Zeltmacher) betrachtete, der seinen Dienst mittels seines eigenen Einkommens finanzierte, oder ob er darauf abzielte, seinem geistlichen Dienst eine praktische Komponente beizumengen. In der Bibel finden wir drei unterschiedliche Modelle für die Finanzierung des Paulus und seines Auftrags, Gemeinden zu gründen. Das erste könnte man als das »traditionelle Modell« bezeichnen. In Übereinstimmung mit der Lehre des Alten Testaments erhielt Paulus Gelder aus Spenden verschiedener Gemeinden. Die Gemeinde in Philippi beispielsweise stiftete einen nicht unerheblichen Geldbetrag, um seinen Aufenthalt in Korinth zu decken (Phil. 4, 10ff.). Vom Alten Testament her gab Paulus den Korinthern zu verstehen, daß »denen, die das Evangelium verkündigen, verordnet sei, vom Evangelium zu leben« (1. Kor. 9, 14). Er betont zugleich seine individuelle Freiheit, auf dieses legitime Vorrecht zu verzichten. In 2. Kor. 11, 8 sagt er, daß er andere Gemeinden »beraubt« habe, um den Korinthern umsonst dienen zu können. Als zweites ist das »Gabenmodell« zu nennen. Paulus erwartete von den Gemeinden in Mazedonien und Achaja, daß sie an einer Sammlung »für die Bedürftigen unter den Heiligen, die in Jerusalem sind« (Röm. 15, 26), teilnehmen würden. Es ist schwer, das traditionelle Modell in einer Pioniersituation anzuwenden, da die Empfänger geistlichen Segens entweder finanziell schwach sind oder ihnen die notwendige Vision dafür fehlt. Es ist deshalb oft von Bedeutung, Geld zu spenden, bis die Gemeinde sich selbst tragen und selbst Finanzen aufbringen kann.

Das dritte Modell ist das »Zeltmacher-Modell« (Apg. 18, 3). Paulus war tätig als Gelehrter, hatte aber zugleich einen säkularen Beruf. Zwar gewährte sein Handwerk ihm kein ausreichendes Einkommen, um sich völliger finanzieller Unabhängigkeit erfreuen zu können oder gar das Fundament für den Unterhalt eines Missionsteams für Gemeindegründungen zu legen; aber immerhin lieferte Paulus ein überzeugendes Beispiel für die Lehre Jesu, daß »Geben seliger« sei »als Nehmen« (Apg. 20, 35). Soweit wir wissen, praktizierte Paulus dieses Modell nur in Korinth, Ephesus und Thessalonich. In Korinth und Ephesus tat er dies im Blick auf den kulturellen Hintergrund. Damals wurden heidnische Tempeldiener nämlich für ihr Amt gut bezahlt. Die Armen waren also im Nachteil, was die Verrichtung ihrer religiösen Pflichten anbelangte. Dieses Ungleichgewicht wollte Paulus untergraben und den materiell wie geistlich Bedürftigen den Vorzug geben. In der Anwendung dieser drei Modelle oder auch in der Kombinierung unterschiedlicher Unterstützerquellen war er äußerst flexibel. Dieselbe Flexibilität wird in seinen Evangelisationsmethoden erkennbar, wo wir den Apostel in dem Bemühen sehen, den Juden ein Jude, den Griechen ein Grieche und den Römern ein Römer zu werden, um sie für das Reich Gottes zu gewinnen (gemäß 1. Kor. 9, 20 – 22).

Der Herr der Geschichte nutzte Handel und Kommerz jedoch nicht nur zur Ausbreitung des Evangeliums innerhalb von Europa allein. Es gibt historische Belege dafür, daß es auf dieselbe Weise auch nach Arabien und Indien gekommen ist. Das Christentum hatte in Arabien schon weit vor dem Ende des dritten Jahrhunderts Anhänger gewonnen. Einige von ihnen lebten in Gebieten Arabiens an der Ostgrenze zum Römischen Weltreich und waren vermutlich die Frucht kommerzieller und kultureller Kontakte.

Dasselbe Schema wiederholte sich in Indien. Bereits vor der Zeit Christi wurde Handel zwischen Indien und der griechischsprachigen Welt geführt. Alexander war in den Nordwesten Indiens einmarschiert, und griechische Händler waren mit den Routen vertraut, die in diese Region führten. Es kann durchaus über die eine oder andere dieser Routen gewesen sein, daß das

Christentum vor dem Ende des dritten Jahrhunderts nach Indien kam.

Die Bibel enthält mehrere vortreffliche Beispiele dafür, wie Geschäftsleute ihren Wohlstand nutzten, um geistliche Ziele zu erreichen. Das wird anhand der ganzheitlichen Sicht von einzelnen erkennbar, die Reichtum nicht als selbstverständlich hinnahmen, sondern als ein Mittel ansahen, den Armen zu helfen und die Gebote Gottes zu halten. Ein schönes Beispiel ist Hiob. Er war der reichste Mann in der ganzen Gegend. Sein riesiger landwirtschaftlicher Betrieb war Spedition, Ackerbau- und Viehzuchtbetrieb in einem. Er war der bedeutendste Arbeitgeber seines Landes. Sein Name stand für Erfolg, außerordentliche Reichtümer und großen Wohlstand. Aber das ist noch nicht die ganze Geschichte.

Der Eigentümer dieses mächtigen und so ungewöhnlich erfolgreichen Familienunternehmens war ein Mann ohne Fehl und Tadel. Er hatte einen starken Glauben an Gott, und dieser Glaube beeinflußte auch seine Einstellung zu Geschäft und Familienleben. Er war bekannt als ein gerechter und gottesfürchtiger Geschäftsmann. Hiob lebte in einem Land des Nahen Ostens, das Uz genannt wird. Er besaß »7000 Schafe und 3000 Kamele und 500 Gespanne Rinder und 500 Eselinnen, und sein Gesinde war sehr zahlreich.« Er war der oberste Geschäftsführer eines riesigen Familienbetriebs und galt als »größer als alle Söhne des Ostens« (Hiob 1, 3). Aber abgesehen davon, daß er einer der reichsten und einflußreichsten Männer seiner Zeit war, wird ihm auch zuerkannt, einer der lautersten und aufrichtigsten gewesen zu sein. Sich selbst nannte er Vater für die Armen (Hiob 29, 16). Er erlöste die Armen und Unterdrückten und verteidigte die Sache der Vaterlosen, die ohne Helfer waren. Er segnete die Leidenden und machte der Witwe Herz vor Freude singen. Er war »Augen für die Blinden« und »Füße für die Armen« (Kapitel 31). Er nahm Unterdrückung hinweg von den Ohnmächtigen, indem er ihre Unterdrücker richtete. Er weinte für Menschen in Nöten, trauerte über die Armen und bedeckte den Mann ohne Decke. Für Christen ist Hiobs Leben das Modell eines gottesfürchtigen Menschen, der seinen Wohlstand bewußt teilte, in dem Wissen, daß dies zu Gottes Gebot der Nächstenliebe dazugehört. Er machte Gold nie zu seiner Hoffnung und freute sich nicht in Anbetracht seines Reichtums. Er war ein wahrhaftiger Verwalter all dessen, was Gott ihm anvertraut hatte.

Der Herr Jesus war ein profunder Kenner und Lehrer des Alten Testaments. Jesus erklärt, daß sein Dienst sich auf die Demütigen, Gebrochenen, Bedrängten und Unterdrückten konzentriert. Ihnen bringt er gute Nachricht.«[8] Den Armen wird häufig auch noch das bißchen genommen, was sie besitzen. Die Geschichte in 2. Samuel 12, 1 – 4 ist ein ausgezeichnetes Beispiel dafür. Ein reicher Mann nimmt einem armen seinen letzten Besitz weg, um einen Gast zu versorgen. Jesu Parallele zu dieser Geschichte ist die Erzählung in Lukas 16, 19 – 31 vom reichen Mann und armen Lazarus.

Jakobus schreibt in seinem Brief (2, 5): »Hört, meine geliebten Brüder: Hat nicht Gott die vor der Welt Armen auserwählt, reich im Glauben und Erben des Reiches zu sein, das er denen verheißen hat, die ihn lieben?«

Der Apostel Paulus, ebenso wesentlich vom Alten Testament und darüber hinaus durch die Lehren Jesu geprägt, wies die Ältesten bei seinem Besuch in Ephesus an, Beiträge für das »Reich Gottes« zu leisten. In seinem Brief an die Epheser mahnt er: »Wer gestohlen hat, stehle nicht mehr, sondern mühe sich vielmehr und wirke mit seinen Händen das Gute, damit er dem Bedürftigen etwas mitzugeben habe« (Eph. 4, 28). Und noch einen anderen Aspekt getreuer Verwaltung betont Paulus nachdrücklich: das Gleichheitsgebot (2. Kor 8, 15). Hier ist das Problemfeld angesprochen, um das sich Siders Buch »Rich Christians in an Age of Hunger« dreht. Dieses Gebot eignet sich sehr gut als Bestandteil einer Zeltmacherstrategie: Gleichheit im Verhältnis zu denen, die durch das Evangelium erreicht werden.

Damit diese Gleichheit verwirklicht wird und eine Gemeinde gemäß der Führung Gottes gibt, muß jedes Gemeindeglied in seiner oder ihrer Kirche darauf hinarbeiten. Viele biblische Wahrheiten müssen in Betracht gezogen werden, um dieses Gebot zu erfüllen. Eines davon ist, daß Diener Gottes bereit sein müssen, eine zeitweilige Geldknappheit um des Evangeliums willen auf sich zu nehmen (Phil. 4, 12). Ein anderes besagt, daß es nicht eo ipso etwas Böses ist, reich zu sein, solange es nicht zur Selbstsucht verführt (2. Tim. 6, 17 – 19). Beide, der Reiche wie der Arme, haben etwas zu opfern bis hin zur Selbstopferung (Röm. 12, 1). Obgleich niemand automatisch alles verkaufen muß, ist doch das Miteinanderteilen aller lebensnotwendigen Güter eine Option, über die immer verfügt werden kann, wenn die Situation es eine Zeitlang erfordert; die Urgemeinde in Jerusalem hat das überzeugend vorgeführt (Apg. 2, 45). Ohne Liebe und Mitgefühl zu geben ist dabei ein Akt ohne Wert für den Geber selbst (1. Kor. 13, 3); was immer wir im Glauben und gemäß unserer Überzeugung vom Willen Gottes geben, ist Gott gegeben, und er wird alles zu seiner Zeit vergelten (Offb. 22, 12). Zeltmachertum steht zu diesem Gebot keineswegs im Widerspruch, das für sich genommen als überzeugendes Muster christlicher Großmut und Selbstlosigkeit dienen kann. Paulus' missiologischer Ansatz war durchaus nicht auf alttestamentliche Lehre beschränkt, auch wenn er auf diese Methodik häufiger zurückgriff, als daß er auf sie verzichtete, wenn es darum ging, bis dahin Unerreichte mit dem Evangelium zu erreichen. Er hatte von der Lehre Jesu her auch begriffen, daß er alles Recht hatte, Gaben und Spenden aus den Reihen seiner Hörerschaft zu empfangen. Bonk stellt fest: »Einige von denen, die Jesus nachfolgten, waren reich. Die Magier aus dem Morgenland gehörten zu den ersten, die Jesus als dem Christus Anerkennung und Lobpreis zollten (Matth. 2, 1 – 12); Nikodemus war ein Mitglied des reichen Jüdischen Rates (Joh. 3, 1).«[9] Gemäß den Gepflogenheiten religiöser Führer nahm Jesus die Unterstützung zahlreicher Leute an – darunter selbst Frauen (Lukas 8, 3), was, wie jeder weiß, zur damaligen Zeit doch zumindest recht ungewöhnlich war. Jesus lebte von den Gaben seiner Anhänger und setzte ein neutestamentliches Modell für alle seine Jünger in Kraft. Es gibt keine Hinweise darauf, daß Jesus während seiner Wirkungszeit materielle Unterstützung von Ausländern erfuhr, nur von Juden. Wir können daraus folgern, daß Paulus in Jesus ein Vorbild für den Spendenempfang von bereits Gläubigen und nicht von Heiden hatte. Als Paulus zum Missionar für die heidnische Welt wurde, hat er es aus diesem Grunde vorgezogen, sich durch handwerkliche Arbeit seinen Lebensunterhalt zu verdienen, statt von den Gaben seiner Hörerschaft abhängig zu sein. Er betätigte sich zu diesem Zweck in dem Gewerbe, das er in seiner Heimat schon praktiziert hatte.

Bibliographie (Auswahl)

Bonk, J., Missions and Money. Affluence as a Western Missionary Problem, 2. Aufl. (Maryknoll: Orbis Books, 1992).

Brox, Norbert, »Zur christlichen Mission in der Spätantike«, Mission im Neuen Testament, ed.
(Basel: Editiones Herder, l982).

Hamman, Adalbert, Die ersten Christen (Stuttgart: Philipp Reclam Jun., 1985).

Sider, R., Rich Christians in an Age of Hunger (Dallas: Word Publishing, 1990).

Vinay, S. und Sugden, C., Evangelism and the Poor (Bangalore: Asian Trading Corporation, 1982), 44.

2. Kapitel: Geschichtliche Grundlagen

Nestorianische Geschäftsleute als »Träger des Evangeliums«

Ähnlich wie die römische Zivilisation während der Zeit des Ur-christentums und der nachapostolischen Zeit waren auch die Verbindungslinien, die die Seidenstraße mit sich brachte, von großem Vorteil, und zwar nicht nur für den Warenverkehr, sondern auch für die verschiedenen Religionen, wie z. B. den Mani-chäismus, ein Gemisch aus der Lehre Zarathustras, Buddhismus und Christentum nestorianischen Gepräges, die sich bis nach China ausbreiten konnten. Mit dem Austausch von Handelsgü-tern ging gleichsam ein Ideenhandel einher, was die Seidenstraße zu einem der Hauptkanäle für Wechselwirkungen zwischen un-terschiedlichen Kulturen machte. Der Nestorianer Kurd George M. Lamsa kommt zu demselben Schluß:

Das Zusammentreffen der sich nach Fernost öffnenden Handels-wege mit dem Aufstieg der nestorianischen Kirche bot eine geeb-nete Bahn für missionarische Anstrengungen.[10]

Es gibt wesentliche Anhaltspunkte dafür, daß Christen aufgrund von Geschäfts- und Handelsbeziehungen der persischen Chri-stenheit nach China reisten.[11] Auch legt Lamsa – mit Blick auf das sechste und siebte Jahrhundert – dar, daß es buddhistische Mönche und christliche Handelsreisende gewesen seien, die über die Seidenstraße nach China kamen.[12] Die Missionare der Ost-kirchen hätten, so Lamsa weiter, den Seidenhandel nach Westen gebracht, und Christen hätten – zusammen mit den Juden – das Geschäftsleben beherrscht.[13] Die Nestorianer zeichneten sich dadurch aus, daß eine möglichst weitreichende missionarische Betätigung ihnen ein tiefes Anliegen war. Es gab nestorianische Kirchen, Bischöfe und sogar Erzbischöfe in einigen Karawanenstädten Zentralasiens, darunter Merv, Herat und Samarkand. Und es ist bezeichnend, daß gerade unter den Nestorianern einige der besten Beispiele für die Anwendung des Zeltmacherprinzips zu finden sind. Wenn Gemeindegründungen unser Ziel sind und wir gewillt sind, unsere Methoden an dieses Ziel anzupassen, dann täten wir gut daran, uns die Strategie der Nestorianer noch einmal genauer anzusehen. Der britische Historiker John Stewart hat sich mit dieser Expansion des Christentums durch die Nestorianer auseinandergesetzt und hält es für wahrscheinlich, daß sie weitgehend nach denselben Grundsätzen vorgegangen sind, wie sie von Paulus in der Apostelgeschichte überliefert sind. Aller Wahrscheinlichkeit nach waren sie Selbstversorger wie er, viele von ihnen als Händler, andere als Handwerker, als Zimmerleute, Schmiede oder Weber.[14] Sie brachten das Christentum bis nach China (im 7. Jahrhundert), wo sie jedoch gegen Ende des 10. Jahrhunderts ausgestorben waren.

Unter bis dahin nicht alphabetisierten Völkern machten sie sich als Vorbilder und Lehrer in Sachen Lehre, in Lesen und Schreiben verdient, namentlich unter den Türken, Uyghuren, Mongolen und Manchu, von denen man annimmt, daß ihre Alphabete aus dem Syrischen abgeleitet sind. Die Nestorianer bildeten die am meisten auf Mission ausgerichtete Kirche, die die Welt je gesehen hat.[15] Sie versorgten sich selbst durch das Werk ihrer Hände oder auch, indem sie Stellungen als Schreiber, Ärzte oder Verwalter in den Häusern der Adligen und Fürsten jener Gegenden annahmen, die sie bereisten. Da ist es dann vielleicht ganz symptomatisch, wenn wir den Nestorianer Mar Sargis von Samarkand, dessen Vorväter allesamt berühmte Ärzte waren, als vom späteren Mongolenkaiser Kublai Khan ernannten Assistenten des Statthalters für die Region Chingkiang wiederfinden. Viele wurden auch von den Arabern eingestellt und bekleideten hochrangige Ämter im arabischen Gericht. Die Nestorianer stellten Rechnungsführer für Regierungen sowie Ärzte, Astronome und Philosophen. Als Kaufleute und Geldwechsler waren sie nicht minder vertreten.

Man ist auf Spuren christlichen Lebens in Form von Inschriften christlicher Sogdi-Kaufleute auf der Strecke von Samarkand nach Khotan südlich der Seidenstraße gestoßen.[16] Es gab Christen unter den türkischen Kaufleuten von Ning-Lesia, Hauptstadt des Königreichs der Tanguten (1225 von Dschingis-Khan zerstört).[17] Außerdem belegt ein noch gewichtigeres Schriftstück über Handelslisten aus dem Jahre 1295, daß es einen Zusammenhang zwischen christlicher Mission und westlichen Geschäftsunternehmungen gegeben haben muß.[18] Marco Polo berichtet, daß die Handelswege von Bagdad nach Peking zu seiner Zeit von nestorianischen Kapellen gesäumt waren.

Durch ihre Beziehung zur antiochenischen (türkischen) Gemeinde wurden fünf Stämme christianisiert, wobei es in den meisten von ihnen Anzeichen für echte Bekehrungen gab. L. Browne zufolge wurden diese Stämme »Keraiter, Naimaniter, Uyghuren, Ongüts und Merkiter genannt«.[19] Die größten Erweckungen ereigneten sich zu Beginn des elften Jahrhunderts unter den Keraitern (um die 200.000) und den Uyghuren.

Bei der nestorianischen Missionsbewegung handelte es sich primär um eine Bewegung von Laien. Die Verbreitung des Evangeliums lief meistens über Gelehrte, Schreiber und Künstler. Im Westen aufgewachsene Christen nutzten jede Gelegenheit, um gegenüber Königen, Fürsten und anderen Herren adligen Geblüts, in deren Diensten sie standen, Zeugnis von Christus zu geben.[20] Stewart vermutet, daß die Missionstätigkeit der Nestorianer in Zentralasien ihren Höhepunkt zwischen dem fünften und neunten Jahrhundert erreichte. Der nestorianische Patriarch Timotheus sandte rund hundert Missionare nach Transoxianien/Zentralasien aus, um zum einen Gemeinden zu gründen, zum andern die bestehenden zu festigen. Die Nestorianer gaben entscheidende Anstöße zur Pioniermission durch das Evangelium unter unerreichten Völkern. Patriarch Timotheus wählte einen Erzbischof aus Samarkand aus, der die Aufsicht über das Gebiet von Turkistan führen und Bischöfe für Buchara und Taschkent ernennen sollte. Samarkand wurde so zum Zentrum der nestorianischen Missionsbewegung und nahm damit den Platz von Merv/Usbekistan ein. Diese christliche Zentrale für Mission und Kirche blieb Samarkand bis zum zwölften Jahrhundert erhalten. Syrische Grabinschriften dokumentieren die Existenz und die Betätigung der nestorianischen Christen. Dem Forscher Chwolson ist die Auflistung einer ganzen Reihe von Grabinschriften und Kruzifixen aus den Städten Tokmak und Pischpek zu verdanken. Leider wurden viele von ihnen während der zweiten islamischen Invasion in Asien zerstört.[21]

Auch hier wieder liefert uns die Geschichte schlagende Beweise dafür, daß Geschäft, Handelsverkehr und eine solide christliche Berufsausübung für Gott von Nutzen waren, um die Heilsbotschaft des Evangeliums über die Gebiete der Seidenstraße weiter in die Welt hinauszutragen, und womöglich hat diese Entwicklung, die sich bis ins 15. Jahrhundert fortsetzte, schon an Pfingsten ihren Anfang genommen, als laut Apostelgeschichte 2, 9 »Parther, Meder und Elamiter« in Jerusalem zugegen waren.

Das 18. und 19. Jahrhundert
Geschäftsunternehmungen in Sachen Mission

Die Herrnhuter

Eine der vielleicht eindrucksvollsten Missionsbewegungen aller Zeiten begann am 21. August 1732, als Leonhard Dober und David Nitschmann vom Anwesen des Grafen Ludwig von Zinzendorf bei Herrnhut aus als erste mährische Pioniermissionare mit einem Ruf für die Antillen-Insel St. Thomas ausreisten. Albert Helman schreibt darüber: Unter den zahlreichen protestantischen Gemeinden und Gruppierungen auf deutschem Boden war eine kleine evangelische Gemeinschaft wohl die am wenigsten auffällige, für die man alle möglichen Namen hatte:
- die böhmischen Brüder
- die vereinigten Brüder
- die mährische Kirche
- die erneuerte Brüdergemeine (altdeutscher Name) oder
- die Herrnhuter

Die vielfältigen Namen weisen hin auf eine lange und vielfältige Geschichte, eine Geschichte nämlich, die Luther und Calvin um ein Jahrhundert voraus war![22] Ein Blick in die Geschichtsbücher lehrt, daß sie mit Johannes Hus begann, einem Priester, der um das Jahr 1400 in Böhmen lebte. Von den Schriften seines englischen Zeitgenossen, des vorreformatorischen John Wyclif, beeinflußt, griff Hus vor allem die Mißstände und Mißbräuche in der herrschenden Kirche an. Nach einem kämpferischen Leben wurde er schließlich als Ketzer verurteilt und auf dem Scheiterhaufen verbrannt. Vor seinem Tode rief er jedoch noch die Vereinigung der »Brüdergemeine« ins Leben. Seine Anhänger fühlten sich eng mit den Waldensern verbunden: Zusammen gründeten beide Gruppen 1467 die »vereinigten Brüder«. Diese böhmischen Brüder hatten sich auch ins benachbarte Mähren ausgedehnt. Wichtig war ihnen »weniger die theoretische Lehre vom Evangelium«[23] als vielmehr die Praxis des Christseins, wie sie im Leben eines Paulus, Kirchenvaters Augustinus (354–430), Franziskus, Wyclif oder Hus Gestalt angenommen hat (hier gibt es auch einen Bezug zu Paulus' Modell der Selbstversorgung). Zu diesem Zeitpunkt waren die böhmisch-mährischen Brüder bereits Selbstversorger. Ein kleiner Überrest von ihnen überlebte die vielen Religionskriege im Europa des 16. und 17. Jahrhunderts, und schließlich bekamen die verbliebenen Brüder, inzwischen in Sachsen beheimatet, 1722 von dem gläubigen Grafen Zinzendorf die Erlaubnis, sich auf einem seiner Landgüter namens Herrnhut niederzulassen. Ludwig von Zinzendorf (1700 – 1760) war seinerseits geprägt von Vorbild und Lehre des großen lutherischen Pietisten August Hermann Francke, unter dessen Obhut dem jungen Grafen die verfahrensmäßige Einheit von Geschäft und Mission zu Bewußtsein kam. Er erfuhr ganz unmittelbar, daß »dieser christliche Geschäftsmann (Francke) es schaffte, seinen Gemeinschaftsverband nicht nur durch ein weit verzweigtes Kollektennetz, sondern auch durch die Möglichkeiten geschäftlicher Unternehmungen zu unterhalten.«[24] Hier traf er auch mit dänischen und holländischen Pastoren zusammen, die vorhatten, mit bereits bestehenden Handelsorganisationen in die Mission zu gehen, jedoch leider mit geringem Erfolg. Ein paar Jahre später wohnte Zinzendorf der Krönungszeremonie des dänischen Königs Christian VI. bei. Während der Festlichkeiten wurde er zwei Einheimischen aus Grönland, Konvertiten von Hans Egede, sowie einem Negersklaven von den Antillen vorgestellt. Tucker berichtet, Zinzendorf sei so beeindruckt gewesen »von ihren Bitten um Missionare, daß er letzteren nach Herrnhut einlud und selbst mit einem starken Gespür für die Dringlichkeit der Lage nach Hause zurückkehrte.«[25] Das waren die Anfänge dieser einzigartigen Missionsbewegung.

Mission hatte für jeden Herrnhuter Bruder oberste Priorität, und ein dem Herrn und Heiland geweihtes Leben war für sie die höchste Berufung. Paulus sah man als eine Art christlichen Geschäftsreisenden, der für seinen eigenen Lebensunterhalt aufkam und nebenher Gemeinden betreute und predigte. Analog zu diesem Vorbild wurde von jedem Mitglied der Brüdergemeine erwartet, zu einem vergleichbaren Dienst bereit zu sein. Sie alle waren Laien, nicht zu Theologen ausgebildet, sondern zu Evangelisten. Als für ihren Lebensunterhalt selbst aufkommende Laien sollten sie Seite an Seite mit ihren möglichen späteren Bekehrten arbeiten und ihren Glauben durch Worte ebenso wie durch ihr lebendes Beispiel bezeugen. Die erste Übersicht über die Einwohnerschaft von Herrnhut, zusammengestellt von Otto Uttendörfer,[26] nennt mehr als ein Dutzend Gewerbe und Berufe, darunter Leinenweber, Zimmermann, Maurer, Schuster, Schmied, Töpfer, Bäcker, Schneider und Gerber. Ganz offensichtlich bot sich hier ein gewaltiges Potential für die Umsetzung des paulinischen Modells dar, das Modell vom Missionar, der einer regulären Arbeit nachgeht. Aber nicht nur die Missionare in Übersee wandten diese Zeltmachermethode an. Die sogenannten Reisebrüder, die überall durch Europa reisten, lebten oft genauso. Auch sie finanzierten sich durch eine Betätigung als Handwerker oder als Lehrer. So ging beispielsweise Lange von Ort zu Ort und verkündigte Christus, während er sich als Schuster seinen Lebensunterhalt verdiente. Auf diese Weise wurden sittliche Werte im Bereich Beruf und Verantwortung als Erbe sowohl neu belebt wie auch bewahrt. Ihr Grundsatz war, daß alles ohne Ausnahme zum Nutzen der Missionsarbeit dienen sollte. Das Betreiben von Handwerk und Gewerbe war freilich nur ein Teil dieser Arbeit. So stellt Helman fest:

Evangelisation im allgemeinen, die Hand in Hand ging mit einem anständigen Lebensstil gemäß den »normalen« moralischen Standards, die in der Gegend üblich waren, wurde eindeutig ein wichtiges ergänzendes Ziel, Seite an Seite mit der Pflege zunächst des Handwerks und später auch der gewerblichen und administrativen Kompetenz unter dem Volk.[27]

Zeltmachertum war für die Herrnhuter keine bloße Option. Es war ihre Basisstrategie: eine Selbstverpflichtung, Jünger zu gewinnen und einen Lebensstil vorzuführen, in dem das Berufsethos eine herausragende Komponente war. Die erste schriftlich fixierte Gemeindeordnung von 1770 schließt mit Anweisungen und Vorschriften für Handwerker. Die drei Hauptpfeiler ihrer Wirtschaftsethik waren: ein fester Arbeitszeitplan, der Beweggrund, in allem Tun Gott allein dienen zu wollen, sowie Instruktionen hinsichtlich des weltweiten Handels zwischen unterschiedlichen Gemeindeverbänden. P. Zimmerling, der die pädagogischen Lehren Zinzendorfs studierte, hat ermittelt, daß »Vorrang einer Wirtschaftsethik gegeben wurde, die ökonomische Grundsätze aufrechterhielt, wenn diese kommerziellen Gewinn brachten.«[28] Die zugrunde liegende Ideologie wurde, theologisch gedeutet, als Dienst am Nächsten verstanden. Abraham Dürninger (1706 – 1773), einer der Herrnhuter, wurde der Urvater des ersten europäischen Geschäftshauses, das nur mit festen Preisen handelte . . . und mit festen Löhnen.[29] Dasselbe galt für die Herrnhuter Arbeit in den amerikanischen Kolonien. Zimmerling folgert, daß »weltlich organisierte Genossenschaften in ihrer ökonomischen Organisation oft von den Brüdergemeinen beeinflußt waren. So entwickelte zum Beispiel Raiffeisen (heute eine Kreditgenossenschaft) eine neue Art der Genossenschaft«, als deren Vorbild man die Brüdergemeine in Neuwied sehen kann.

Wo immer die Herrnhuter Gemeinden gründeten, dienten sie den Älteren, Vereinsamten, Armen und Kranken, und ihre Gemeinden prägten einen sehr hohen Standard an sozialer Verantwortung.

Die Ausreise der zwei Missionare an jenem denkwürdigen 21. August ließ das Dorf mit einem brennenden Herzen für Gott zurück. Binnen weniger Monate nach Dobers Weggang reisten drei weitere Leute als Missionare zu den Eskimos nach Grönland aus (1733); ein Jahr danach überquerte eine ein Team den Atlantik mit einem Ruf zu den Indianern in Nordamerika; ein weiteres Jahr später waren wieder andere auf ihrem Weg zu den Wäldern und Flüssen von Holländisch-Guayana in Südamerika; und zwei Jahre später, 1737, landete der heldenhafte George Schmidt in Südafrika als erster Missionar unter den Hottentotten.

Ende Februar 1740 kam die dritte Gruppe der Herrnhuter in Paramaribo/Surinam an. Sie mieteten sich ein Zimmer mit anliegendem Schlafplatz für das Ehepaar und beschlossen, ihr Handwerk sowohl in der Stadt als auch draußen in den Plantagen auszuüben. Der Schuster und der Zimmermann hatten im Nu alle Hände voll zu tun. So vollzog sich die Gründung jenes Vorläufers dessen, was später die Versorgungsbasis für die Brüdergemeine in Surinam werden sollte: eine Handelsgesellschaft namens C. Kersten & Co., gegründet 1768. Helman meint, daß aus diesen Tagen die praktischen Beziehungen zwischen Handel und Mission herrühren.[30] Wenn man zusammen beim Schneider auf der Bank saß, war es leicht, über das Evangelium ins Gespräch zu kommen. Die Missionare gewannen Stück für Stück Einfluß bei den schwarzen Sklaven in Surinam; sie gaben ihnen Arbeit und verschwiegen dabei nicht ihr Angebot eines neuen Lebens! 1772 belief sich der finanzielle Ertrag bereits auf 242.000 Taler.

Zu Hause in Herrnhut stellte derweil Abraham Dürninger die kaufmännischen Aktivitäten der Herrnhuter auf den Kopf. Im Jahre 1706 als Sohn einer berühmten Straßburger Geschäftsfamilie geboren, stieß er 1744 zur Bruderschaft der Herrnhuter. Schon nach wenigen Jahren wurde ihm die Verantwortung für das Herrnhuter Warenhaus übertragen. Von diesen ersten Anfängen an wurden Dürninger bereits weitreichende Freiheiten gewährt. Bald gründete er Dürninger & Co. Seine Fortschritte wie auch sein Zeugnis als christlicher Kaufmann trugen ihm den Ruf eines »von Gott gesegneten Kaufmanns« ein mit einem Ansehen, das nicht nur die Grenzen innerhalb von Europa überschritt, sondern bis in viele andere Teile der Welt reichte. Selbst am Königshof genoß er hohe Wertschätzung. 1768 wurden die Produkte seiner Gesellschaft verkauft nach Rußland, Schlesien, Schweden, Dänemark, England, Holland, Frankreich, der Schweiz, Italien, Spanien, Portugal, den Antillen sowie nach Nord- und Südamerika. Das beschauliche Herrnhuter Warenhaus hatte sich zu einer internationalen Handelsgesellschaft gemausert. Im Jahre 1821 verfügte es über Filialen in 26 verschiedenen Ländern, für die es Güter im Wert von 1,31 Millionen Talern bereitstellte.[31]

Die Herrnhuter gaben Händlern und einfachen Bürgern gleichsam eine Demonstration ehrlicher Geschäftsmethoden. Und dadurch, daß ihr Vorbild eine Art Wettbewerb in diesem Sektor auslöste, veranlaßten sie auch andere Händler zu einem faireren Umgang mit den Menschen. Neben der Betätigung in Handel und Gewerbe bezeugten die Herrnhuter »Laien« auch ihren Glauben. Diese Nebentätigkeit war jedoch in keiner Weise ein »notwendiges Übel« für sie. Als Christen fanden sie das völlig normal und bezeugten mit Freude, was den Schluß nahelegt, daß es für einen Geschäftsmann in der Regel einfacher ist, nebenbei als Zeuge Jesu tätig zu sein, als für einen hauptamtlichen Prediger, nebenbei ein Geschäft zu führen. Hundert Jahre später waren die Herrnhuter Geschäftsmissionare immer noch auf dem Vormarsch: Während sie mit ihren eigenen Händen eine Berufstätigkeit ausübten, gewannen sie Menschen für Jesus. Allerdings waren, wie Helman verdeutlicht, erste Spannungen aufgetreten: Bis zu diesem Zeitpunkt (1862) konnte die geistlich erneuerte »Unitas Fraternum« mit Freude zur Kenntnis nehmen, daß die Mission in Surinam (im Gleichklang mit denen in Südafrika und Labrador) vollständig mit Mitteln operierte, die aus dem Land selbst stammten. Ein wahrer Triumph der paulinischen Praxis! Mittel und Wege, die anfangs in ihrer Anwendung kaum zu unterscheiden waren, fingen an – jeweils mit eigenen Charakteristika – spürbarer voneinander abzuweichen. Auf der Generalsynode 1869 wurde die Frage nach der Unterscheidung zwischen Handel und Mission zäh verhandelt, ohne daß ein klarer Beschluß gefaßt werden konnte.[32]

Im Laufe der Zeit gab man die wirtschaftlichen Aktivitäten in die Hände von Spezialisten unter den Missionaren. Der Labrador-Handel wurde Leuten anvertraut, die vom Rat der Herrnhuter eigens zu diesem Zweck ausgesandt wurden. In St. Thomas, Surinam, Nicaragua und Südafrika widmeten sich in der zweiten Hälfte des 19. Jahrhunderts nicht-ordinierte Missionare dem Bereich Handel und Kommerz, halfen jedoch auch bei der evangelistischen Arbeit mit. Gleichwohl wurde auf der Generalsynode 1899 eine vollständige Trennung zwischen »Geschäft« und »Mission« beschlossen. Von nun an lag die Verbindung zwischen Missionar und Kaufmann nur noch in der Verwendung des gewonnenen Geldes. Doch nach wie vor existierte ein nicht unzerstörbares Band zwischen dem Mittel und dem Ziel. Denn wie sehr sich die Praxis auch wandeln mochte, das paulinische Grundprinzip konnte nicht aufgegeben werden.

In der Geschichte der Herrnhuter Brüder in Surinam war das Ziel des blühenden Unternehmens von C. Kersten & Co. N.V. immer noch, »so weit wie möglich für die Aufrechterhaltung der Missionsarbeit in Surinam zu sorgen.« Während die von eher herkömmlichen Missionaren fortgeführte Mission abnahm, trug die Mission der Schneider, Bäcker und Uhrmacher unter den Schwarzen von Paramaribo ironischerweise reiche Frucht, so daß sich hier im Jahre 1926 mit 13.000 Mitgliedern, die in sieben Kirchengebäuden Gottesdienst feierten, die größte Herrnhuter Gemeinde weltweit gebildet hatte.

Zusammenfassend kann man festhalten, daß in der Missionsbewegung der Herrnhuter Gewerbe, Handel und Geschäft über 150 Jahre lang als äußerst nützliche Werkzeuge in Gottes Händen zur Verbreitung der Botschaft des Evangeliums in diversen Gegenden der Welt dienlich waren. Berufstätige christliche Geschäftsleute und geschickte Händler mit einem brennenden Herzen für ihren Herrn hatten beispielhaften Einfluß auf die sie umgebende menschliche Gesellschaft.

Die Basler Mission

Eine der in unseren Tagen bedeutendsten internationalen Handelsgesellschaften mit Sitz in der Schweiz, bekannt unter dem Namen BASLER HANDELS-GESELLSCHAFT AG,[33] hat ihre geistlichen und wirtschaftlichen Wurzeln weit zurück im 16. und 17. Jahrhundert.

Um alle Zusammenhänge zu verstehen, die für diese Gesellschaft relevant sind, ist es vonnöten, die geschichtlichen Ereignisse um die Stadt Basel während dieser Epoche genauer unter die Lupe zu nehmen.

Die Geschichte der Stadt Basel

Zunächst einmal ist die Information wichtig, daß es am Vorabend der Reformation (im frühen 16. Jahrhundert also) nur eine einzige Universität in der Schweiz gab, und die befand sich in Basel.

Damals vertraten führende Humanisten – vor allem Erasmus von Rotterdam (1469 – 1536) ist zu nennen – ihre Lehrmeinungen an der Universität zu Basel und zogen viele Freigeister, Intellektuelle, Künstler, Sucher nach Freiheit und Wahrheit an, nicht nur aus der Schweiz, sondern auch aus den umliegenden Ländern. Der Humanismus erschien in jenen Tagen als mögliche Antwort auf »die Institutionen, die als Bollwerke des Glaubens errichtet worden waren« – Kurie, Klerus, Klöster –, doch leider von Korruption zersetzt.[34] In ihrem Bedürfnis nach Wahrheit und einer Erneuerung der herrschenden Kirche forschten die

34

Basler Humanisten in den Heiligen Schriften und den Werken der Kirchenväter. 1516 gab Erasmus auf persönliche Einladung des Druckermeisters Johannes Frobe das Neue Testament nach dem damals zugrunde gelegten Urtext heraus, wodurch der Humanismus in einem gewissen Maße auch mit zum Wegbereiter der Reformation wurde, wie die historische Forschung allgemein annimmt. Es war jedenfalls kein Wunder, daß Martin Luthers (1483 – 1546) 95 Thesen in Basel, seinerzeit Europas Buchdruckzentrale, begierig aufgenommen wurden, sobald er sie 1517 in Wittenberg publik gemacht hatte. Die Drucker machten sich sofort an die Arbeit und trugen somit wesentlich zur Verbreitung von Luthers Kampfschriften wie auch seiner erbaulichen Texte[35] bei, und zwar nicht nur in der Schweiz, sondern auch in Süddeutschland, Frankreich und sogar in England und Spanien.

Ferner darf der Hinweis nicht fehlen, daß Basel 1529 die dritte protestantische Stadt der Schweiz wurde, nach Zürich im Jahre 1523 (unter dem Reformator Ulrich Zwingli, 1484 – 1531) und Bern im Jahre 1528.

Am Rhein zwischen dem (französischen) Elsaß und dem Südzipfel Deutschlands gelegen, diente Basel – seit 1501 freie Stadt in der Domäne Habsburgs und Teil des Helvetischen Bundes (Confoederatio Helvetica) – stets als Durchgangsstadt mit einer aufgrund seiner strategischen Lage altbewährten Handelstradition. 1225/26 wurde die erste und für viele Jahrhunderte auch einzige Brücke über den Rhein erbaut, zugleich die einzige wirklich dauerhafte Verbindung von Italien und seinen Seehäfen nach Zentraleuropa, dem Rheinland bis hin zu den Häfen Hollands. Konsequent entfaltete Basel die Kunst der Gastfreundschaft gegenüber der Vielzahl typischer Reisender, Händler und Handwerker, die in die Stadt kamen und hatte für die meisten einen Willkommensgruß und für nicht wenige sogar das Bürgerrecht parat. Eine solche Übersiedlerfamilie war die von Matthias Preiswerk (1515 – 1592/93) aus Colmar/Frankreich, der auch »religiöse Gründe« hatte, »da er vermutlich zu den geheimen Anhängern der Reformation zählte.«[36] Der Name wird uns im Zusammenhang mit der Basler Missions-Handelsgesellschaft über den Zeitraum von drei Jahrhunderten hinweg wiederbegegnen. Rund ein Jahrhundert lang, eine Zeit, die maßgeblich von den Schrekken und Folgen des Dreißigjährigen Krieges (1618 – 1648) geprägt war, flohen Scharen von Hugenotten aus dem benachbarten Frankreich, wo sie als protestantische Minderheit unterdrückt und verfolgt wurden, um sich in der freundlichen Stadt Basel niederzulassen. Unter ihnen befanden sich die Vorfahren eines gewissen Adolf Christ, der später an der Gründung der »Industrie-Kommission« der Basler Mission mitwirken und von 1854 bis zu seinem Tode 1877 als deren Präsident fungieren sollte.

Die Hugenotten, die als Flüchtlinge nach Basel kamen, verfügten über eine beachtliche Autorität. Da sie alle größeren Handelsgesellschaften im Südwesten, Südosten und Nordwesten Frankreichs besaßen, kann man annehmen, daß sie in Basel entscheidenden Einfluß auf Glaubensfragen ebenso wie auf Angelegenheiten im Bereich Handel und Industrie hatten.[37]

In den Schweizer Geschichtsbüchern ist nachzulesen, daß die Schweiz das am weitesten industrialisierte Land Europas wurde. Im 17. Jahrhundert gingen entscheidende Kräfte, die hinter diesem Aufschwung standen, von keinen Geringeren als den »Flüchtlingen um des Glaubens willen« aus. Die Hugenotten brachten neue Verfahrenstechniken für Gewerbe und Industrie (Weberei) mit.

Ferner schufen sie neue Öffnungen des Marktes für den Schweizer Handelsverkehr, für Industrie und Export; die Verbindungen reichten bis nach Skandinavien, Rußland, dem gesamten Mittelmeerraum, Zentral- und Südamerika, sogar bis nach Indien. Doch evangelische Flüchtlinge dieser Art stammten nicht aus Frankreich allein. Es gab auch solche, die vor der Inquisition aus Italien flohen – ihre Stärken lagen im Bereich der Spinn- und Webarbeit, der Färberei sowie des Versandes –, und wieder an-

dere kamen aus Holland. Unter der zuletzt genannten Gruppie-
rung findet sich ein spanischer Jude adliger Herkunft, Marco Pe-
rez, konvertiert zum Protestantismus calvinischer Prägung, der
Handelsbeziehungen zwischen Basel und der flämischen Hafenstadt Antwerpen herstellte. Noch andere Flüchtlinge waren
Deutsche, darunter Kaufleute aus Frankfurt, nicht zu vergessen
diverse Einwanderer belgischer Herkunft.

Gegen Ende des 17. Jahrhunderts war ihr Vermächtnis an die
Stadt Basel – mehr Industrie und Handel, mehr soziale Gerechtigkeit und mehr Wohlstand für alle – ein unter den protestantischen Einwohnern der Stadt, von Gilden und den führenden
Leuten anerkannter und nicht mehr wegzudenkender Bestandteil geworden.

Es überrascht nicht, daß man Verbindungslinien ausmachen
kann zwischen einer weitherzigen christlichen Grundeinstellung
(ersichtlich daran, daß man Heimatlose willkommen hieß),
christlichem Fleiß (harte und zuverlässige Arbeit), protestantischer Arbeitsethik (keine Betrügereien, faire Preise, soziale Gerechtigkeit und christliche Wohlfahrt für die arbeitende Klasse)
und dem protestantischen Ethos von Investition und Kapital.[38]

Die Gründung der Basler Mission

Im frühen 18. Jahrhundert war Basel zu einer Hochburg des Pietismus geworden. Um die Mitte des Jahrhunderts ließ die Verfolgung der Pietisten nach. Im Einklang mit der Tradition der Stadt
wurden 1783 rund 300 Herrnhuter zusammen mit ca. 150 Pietisten in Basel angesiedelt. Unter der Direktive von Dr. Johann
August Urlsperger (1728 – 1806), Pastor zu Augsburg, hatte sich
eine Vereinigung von Freiwilligen gebildet (1780), deren ur-
sprünglicher Name »Deutsche Christentumsgesellschaft« lau-
tete. Ihr Ziel war die »weltweite Mission« mit Blick auf die vielen
Millionen, die nie zuvor das Evangelium gehört hatten. Unter

den evangelischen Christen Deutschlands und der Schweiz wuchs diese Vereinigung rasch. Im Jahre 1799 verfügte die Bewegung bereits über mehr als dreißig Versammlungsorte bis weit in den Norden hinein, auch in Holland und Dänemark. Verbindungen wurden geknüpft zwischen Christen ganz unterschiedlicher Couleur und sozialer Herkunft. Wilhelm Schlatter zählt auf: »Fürstliche und gräfliche Persönlichkeiten, Minister und Generäle, Konsistorialräte, Professoren, Doktoren, Handelsherren, Handwerker, Bauern«[39] und protestantische Pastoren.

Bald gab es Kontakte zu den erst kurz zuvor gegründeten britischen Missionsgesellschaften, so mit der Baptist Mission Society (1792 gegründet und entscheidend durch eine Ansprache William Careys geprägt) oder der L. M. S. (London Mission Society, gegründet 1795), um nur zwei zu nennen. Schlatter notiert, daß »alljährlich beträchtliche Geldbeträge nach London, Herrnhut und Berlin gingen, um die Mission zu unterstützen.«[40] Im Jahre 1800 gründete ein renommiertes Mitglied der Gesellschaft, Pastor Jänicke (1748 – 1827), die erste Missionsschule in Berlin. Hier wurden junge Menschen mit einem Ruf in die Mission ausgebildet, ehe sie zu den britischen Missionsgesellschaften geschickt wurden. Ihre Freunde in Basel bemühten sich nach Kräften, dieses deutsche Missionsunternehmen zu unterstützen.

Leider geriet die politische Lage in Europa unter der Herrschaft Napoleons erheblich aus den Fugen, was zur Folge hatte, daß die Berliner Missionsschule nicht in der Lage war, ihre Verbindungen zu den britischen Missionsgesellschaften aufrechtzuerhalten. In dieser Zeit – Schlatter zufolge[41] muß es sich um die Jahre 1806/1807 gehandelt haben – versuchte das Deutsche Gesellschaftsmitglied C. F. Spittler den damaligen Sekretär Blumhardt von der Idee zu überzeugen, in Basel eine eigene, unabhängige Missionsgesellschaft zu gründen. Kurze Zeit später wurde Spittler selbst zum Sekretär der »Deutschen Christentumsgesellschaft« und brachte eine Menge Gründe vor, warum die Stadt Basel ihre eigene Missionsgesellschaft haben müsse. Im nachfolgenden Text konzentrieren wir uns auf die Basler Mission. Spittler selbst hat durch die Arbeit der Pilgermission den Gedanken des Missions-Handwerks stark gefördert.

Unter seinen Freunden waren viele wohlhabende und angesehene Geschäftsmagnaten, Leute wie Carl Mez[42] oder Carl Sarasin (ein Name, der uns im Zusammenhang mit der Gründung der Missions-Handelsgesellschaft später wiederbegegnen wird). Andere wiederum waren sehr einflußreiche geistliche Persönlichkeiten, z.B. der alte Postmeister Kellner aus Brunswick und Pastor Nikolaus von Brunn, der mit seiner Predigtgabe praktisch zum geistlichen Motor jener Bewegung wurde, der die Kerngruppe des schließlich 1815 gegründeten ersten Komitees zu verdanken ist. So kam es, daß am 25. September 1815 – nur wenige Tage nach der Belagerung Basels durch hundert französische Kanonen – sieben Leute sich mit einem einzigen göttlichen Ziel trafen: »eine Missionsschule nach dem Muster derjenigen von Pastor Jänicke in Berlin zu gründen und Pastor Blumhardt zu ihrem ersten Missionsinspektor zu ernennen.«[43] Danker faßt die Situation jener Tage in charakteristischer Bündigkeit zusammen:

Das Jahr 1815 – eine denkbar ungünstige Zeit für die Gründung einer Missionsgesellschaft. Napoleon war aus dem Exil zurück . . . Schrecken erfaßte Europa . . . Den ganzen Sommer lang vernahm Basel den Donner französischer Kanonen. Und durch die Straßen marschierten russische Truppen, bestehend aus fremdartigen Mongolenvölkern, die Basels Bürgern kaum dem Namen nach bekannt waren – Kalmuken, Baschkire, Buriaten usw. Von einer Woge der Dankbarkeit gegen Gott und ihre nichtchristlichen Befreier getragen, dachte eine Gruppe christlicher Freunde aus Basel daran, ihren Dank dadurch zum Ausdruck zu bringen, daß sie diesen Nichtchristen das Evangelium vom ewigen Heil vorstellten.[44]

Rund sechs Monate später zogen Blumhardt und seine Familie nach Basel, und am 26. August 1816 wurde die erste Schweizer Missionsschule offiziell eingeweiht. Niemand konnte zum damaligen Zeitpunkt ahnen, daß aus diesen bescheidenen Anfängen eine so weit verzweigte Arbeit wie die der Basler Mission und ihrer berühmten Schwester, der Basler Handelsgesellschaft, hervorgehen würde. Von Beginn an verstand Blumhardt den Beruf des Missionars so, daß neben einer theologischen Ausbildung auch eine in Handwerk und Gewerbe gewährleistet sein sollte. Sein Ideal war das des »Handwerker-Theologen«, ein integrales Modell menschlichen Lebens, das keinen Aspekt unberücksichtigt läßt. Er lehrte auch, daß der Missionar ein Außenseiter sei und bleibe. Sein Lebensstil ist deshalb von vorrangiger Bedeutung, und das Leben, das ein Missionar führt, ist die deutlichste Botschaft; sie spricht lauter und wirkt tiefer als seine Worte.

Die Bewegung wuchs rapide. 1820 wurde das Komitee im Zusammenhang mit der Kaukasus-Mission von sechs auf 13 Mitglieder erweitert, die überwiegend aus der Stadt Basel selbst stammten. Typischerweise waren die meisten geschäftlich engagierte Bürger und Kaufleute, einige sogar Senatoren[45] was, wie noch zu sehen sein wird, den Boden für ganz entscheidende Entwicklungen (im Hinblick auf die Missionsgesellschaft und ihr Handelsunternehmen) bereitete. Im selben Jahr begann »Basel« als selbständige Missionsgesellschaft zu agieren. 1833 dienten insgesamt nicht weniger als 73 »Basler Missionare« ihrem Herrn in verschiedenen Ländern überall auf der Erde. Sie kamen größtenteils aus Süddeutschland und der Schweiz.

1834 begann eine Arbeit an der Südwestküste Indiens; 1843 waren die missionarischen Aktivitäten bis an die dänische Goldküste, das heutige Ghana, vorgedrungen.

Die Basler Missions-Handelsgesellschaft

Unschwer läßt sich aus dem oben Dargelegten die Schlußfolgerung ziehen, daß Basels politischer, wirtschaftlicher und geistlicher Hintergrund die besten Voraussetzungen dafür bot, daß diese Stadt jene Art von Leuten hervorbrachte, die später zu den Pionieren der Basler Mission werden und ein Vorbild für die Basler Missions-Handelsgesellschaft schaffen sollten: Der Vorläufer der Handelsgesellschaft, die »Industrie-Kommission«, kam am 24. November 1852 durch die Initiative von Inspektor Joseph Josenhans zustande. Josenhans hatte auf einer »Dienstaufsichtsreise«[46] nach Indien feststellen müssen, daß die wirtschaftliche Entwicklung, die die Basler Handwerker-Theologen den neuen indischen Christen zu bieten hatten, die von ihrem eigenen Volk Ablehnung erfuhren, für deren Arbeit unzulänglich war. Sie benötigten mehr wirtschaftliche Hilfe und technischen Rat. Also rief er die »Kommission« ins Leben, zusammen mit Carl Sarasin, ihrem ersten Vorsitzenden, und Adolf Christ, zwei hoch angesehenen Basler Senatoren aus protestantischen Häusern mit einer langen Geschäftstradition.[47] Das Ziel dieser neuen Kommission war es, ausgestoßenen indischen Gläubigen in ihrer schwierigen sozialen Lage Hilfe zukommen zu lassen. Gleichzeitig wollte man auf diese Weise eine Art praktischer Mission einführen, indem beispielhaft christliche Tugenden wie Fleiß, Ehrbarkeit und Zuverlässigkeit ersichtlich würden. So erklären Josenhans und Sarasin ihren Indien- Missionaren in einem offiziellen Brief, der vom 1. Februar 1854 datiert:

Als Mission an und für sich, eine Mission nicht kraft der Predigt, sondern kraft eines guten Vorbilds, kraft eines Modells für Christsein, das sich selbst in praktischen Lebenssituationen offenbart ... eine Mission, die alles tut, was ihr möglich ist, um deutlich zu machen, daß Gottesfurcht gewinnbringend ist.[48]

Doch Sarasin hatte noch eine weitere Vision. Er wollte versuchen, Kleinhandel zu treiben, der wohltätigen Gewinn zur Unterstützung des Missionshaushalts einbringen sollte. Aus diesem Grunde sandte die Industrie-Kommission im August 1853 den jungen Missionar und Kaufmann Gottlob Pfleiderer aus Waiblingen in Deutschland nach Mangalore/Indien aus. Seine Aufgaben waren die Beaufsichtigung der vorhandenen Kleinindustrie der Mission in Form von Webereien, die Einrichtung eines Lagers für das erforderliche Rohmaterial sowie der professionelle Verkauf der fertigen Produkte. Die Leitung der Basler Mission wagte darüber hinaus auf Pfleiderers Initiativgeist zu hoffen: Vielleicht würde er sich ja die günstige Gelegenheit nicht nehmen lassen, ein paar kleinere Geschäfte anzubahnen.[49] Bald nach seiner Ankunft in Mangalore eröffnete Pfleiderer einen kleinen Laden, der nicht nur für Missionare notwendige Güter importierte, sondern die eingeführten Kolonial- und Papierwaren auch an nicht unmittelbar zum Dienstkreis der Mission gehörende Kunden verkaufte.

Zur selben Zeit – es war der Dezember 1854 – schickten die Basler den jungen deutschen Kaufmann Ludwig Rottmann an die afrikanische Goldküste. Er sollte sich als Spediteur für die Basler Missionare betätigen. Sich selbst betrachtete Rottmann aber nicht lediglich als Kaufmann, sondern als Missionar. Danker zitiert ein Statement von Rottmanns Vater über seinen Sohn: »Er konnte der Versuchung nicht länger widerstehen, das Evangelium unseres Herrn Jesus Christus den Heiden zu verkünden, die tief im geistlichen wie im physischen Elend steckten.«[50]

Kaufleute wie Rottmann wurden von dem Gedanken geleitet, daß sie nach einer gewissen »innerlichen Vorbereitung« auf der Basler Missionsschule mit den Vollzeitmissionaren Hand in Hand und im selben Geist wie sie arbeiten und neben ihrem beruflichen Engagement wichtige Beiträge im Rahmen der Missionsarbeit leisten würden. 1855 dann schlug Rottmann in Christiansborg die Eröffnung eines kleinen Geschäfts vor. Es gab Bedarf an westlichen Artikeln – Lebensmittel, Medizin, Haushaltswaren, Tücher, Werkzeuge, Teer –, die eingeführt und unter den eigenen, im Lande tätigen Missionaren verteilt werden mußten. Das Risikokapital stellte der fromme Seidenfabrikant Daniel Burckhardt-Forcart (1805 – 1879), Senator und Parlamentsmitglied in beiden Basler Ratsversammlungen. Die Erstinvestition des Basler Visionärs belief sich auf 5.000 Schweizer Franken; 1.000 Pfund Sterling kamen noch von der Basler Mission selbst dazu. Schon während des ersten Jahres dieser Geschäftsunternehmung warf der kleine Laden einen Gewinn von 2.148,40 Schweizer Franken ab, Gewinne von der Kaffeeplantage der Mission in Akropong inbegriffen. Das Geld wurde zu hundert Prozent wieder in die Missionsarbeit in Ghana gesteckt.

In seiner umfangreichen Geschichte der Basler Handelsgesellschaft schreibt Wanner: »Der kleine Laden von Christiansborg wuchs – den natürlichen Gesetzen des Marktes gehorchend –, und sowohl einheimische wie aus Europa stammende Bewohner der nächsten Umgebung kamen, um ihre Vorräte einzukaufen. Bald erschienen auch die nationalen Kaufleute und Händler und erwarben größere Mengen bestimmter Produkte, um sie weiter im Landesinnern wieder zu verkaufen. Im Gegenzug boten sie ihrerseits Palmöl, Goldstaub und Elfenbein an.«[51]

Allmählich nahm der Import von Gütern aus Europa zu: Mitte 1857 waren bereits 60.000 Schweizer Franken investiert worden. In Basel wurde viel Wert auf die Ausbildung nationaler christlicher Helfer gelegt, aber auch darauf, ihnen eine Vision für Mission weit über wirtschaftliche Erwägungen hinaus zu geben. Senator Sarasin schreibt im Mai 1856: »Es darf unser Warengeschäft nie in der Weise junger Kaufleute betrieben werden, die, auf irdischen Gewinn allein ausgehend, nur temporär ihre Zelte an solchen Orten aufschlagen, sondern eine Oase in den ungeheuren

Wüsten des Heidentums sein und zu einer Stütze und Kräftigung der dort erwachsenden christlichen Gemeinde werden«.[52]

1858 wurden der Basler Mission 30.000 Schweizer Franken aus einer Erbschaft von Christoph Merian-Burckhardt gespendet. Das Geld wurde in den Laden in Christiansborg investiert. Obgleich die Verantwortlichen vom Missionsrat mit den Ergebnissen ihrer kommerziellen und industriellen Aktivitäten zufrieden waren, fühlten sie sich doch, so Danker, »unwohl dabei, Missionsgelder für Geschäfte zu verwenden; allgemeine Opfergaben für die Mission durften nicht für kommerzielle Unternehmen verwendet werden.«[53] So stimmte der Rat am 19. Januar 1859 der Gründung einer separaten »Missions-Handelsgesellschaft« zu. Den Vorsitz dieser Gesellschaft hatte Ulrich Zellweger inne, der als jener »energische Schweizer Bankier mit klarem Kopf« beschrieben wird, »der sich die ganze Idee einer Missions-Handelsgesellschaft lange ausgemalt, ihre Satzung aufgestellt und einen widerstrebenden, kopfschüttelnden Missionsrat überredet hatte, sie anzunehmen.«[54]

Zellweger war der Erbe einer weiteren berühmten protestantischen Familie, die im 16. Jahrhundert aus Appenzell-Innerrhoden, einer katholischen Gegend der Schweiz, in den protestantischen Kanton Appenzell-Außerrhoden geflohen war. Wanner führt erläuternd aus, daß sein Großvater, Johannes Zellweger, der Eigentümer einer der größten Schweizer Handelsgesellschaften mit Zweigstellen in Lyon und Genua gewesen sei.[55] Ulrich Zellweger selbst verfügte über weitreichende persönliche Erfahrungen: Handelskauflehre in Marseille, Sprachstudium in England, Erfahrungen in einer Handelsgesellschaft in der kubanischen Hauptstadt Havanna und im privaten Bankgewerbe in Paris, wo er 1848 seine eigene Bank gründete. Er war auch Vorsitzender bei der Gründung der Appenzeller Bank.

Zellweger war der Sache Christi zutiefst ergeben; ihn verlangte danach, seine Kenntnisse im Bereich Wirtschaft und Handel zur

44

Ehre Gottes einzusetzen. Am 30. März desselben Jahres stellte er die Statuten der künftigen »Missions-Handelsgesellschaft« vor. Er suchte nach Investoren und bot 100 Anteile zu je 2.000 Schweizer Franken an, um über ein Startkapital von 200.000 Franken verfügen zu können. Am 29. Juni billigte der kleine Rat von Basel das Projekt. In einem Prospekt anläßlich der Gründung wurde der missionarische Charakter der »Missions-Handelsgesellschaft« wie folgt klar umrissen:

»Die Handelstätigkeit ist eine ... wirksame Gehülfin, um dem Christentum die Bahn zu ebnen; es liegt in nützlicher Betätigung der Arbeitskräfte gewiß ein mächtiger Einfluß, um ein Volk für die Wahrheiten des Christentums empfänglich zu machen und es durch Sittenmilde für dasselbe vorzubereiten.«[56]

Die Anteilseigner (Aktienteilnehmer) wurden innerhalb eines Freundeskreises der Basler Mission gewonnen; acht waren Mitglieder des bestehenden Missionsrates, und viele andere stammten aus protestantischen Familien, die, typisch für diese Epoche, im Bereich der Industrie tätig waren. Zellweger legte die Grundlagen für die »Missions-Handelsgesellschaft« in drei Bereichen:

1. Horizonterweiterung der Schweizer Industrie durch Export nach Afrika und Indien. (Seinem Bruder Salomon Zellweger aus Trogen gelang es, im Jahre 1859 diverse Textilerzeugnisse in Indien und zwei Jahre später in Ghana zu verkaufen.)[57]

2. Übergang des Kleinhandels in Großhandelstransaktionen, insbesondere in den Sparten Textilien und Eisen.

3. Ergänzung des Warenaustausches in Afrika durch bedeutende Produkte und Produkte in größeren Mengen.

Zunächst war die Gesellschaft auf eine Periode von zehn Jahren angelegt. Von Beginn an war eine beträchtliche Ausdehnung zu verzeichnen. 1862 wurde eine neue Handelsniederlassung in Ado Fa/Goldküste eingerichtet, ohne daß auch nur eine einzige Missionsstation in der Nähe gewesen wäre. Als »Licht in der Finsternis« sollte sie fungieren. Am 31. August 1863 legte das Missionskomitee dar, »der pekuniäre Gewinn sei nicht die Hauptsache, sondern das Exempel einer christlichen Verfahrensweise auf dem Handlungsgebiet und die Heranziehung der Christen zu diesem Geschäft.«[58] Gleichwohl verwundert es nicht, daß der Handel, anders als in Indien, wo es zum Aufbau großer Fabriken und Industrien kam, an der Goldküste das primäre Betätigungsfeld für die »Handelsmissionare« aus Basel wurde. Darüber hinaus bildeten die Basler Handwerker-Theologen Zimmerleute und Schneider aus, die, wie Schlatter es formuliert, in Bewegung kamen, »täglich an einer Andacht teilnahmen und durch den westafrikanischen Küstenstreifen reisten, um Zeugnis zu geben.«[59]

In Mangalore/Indien wuchs der Handel so stark an, daß 1866 ein zweiter »missionarischer Kaufmann« hingesandt wurde, um Pfleiderer beim Ausbau der geschäftlichen Transaktionen der Mission zu helfen. 1869 wurde die Basler Handelsmission umorganisiert in der Hoffnung, ein weiteres Jahrzehnt fortgeführt werden zu können. Ihr Kapital verdreifachte sich durch den Verkauf von 200 weiteren Aktien, und ihren Zweck spiegeln die folgenden Ausführungen wider:

Die Arbeit der evangelischen Missionsgesellschaft von Basel fördern – durch die Versorgung ihrer Niederlassungen und Werkstätten mit den notwendigen westlichen Vorräten, durch die Einführung bekehrter Christen und Heiden in den christlichen Handel und, soweit Gott seinen Segen dazu gibt, durch finanzielle Unterstützung.[60]

Um das Ende des ersten Jahrzehnts ihrer Existenz eröffnete die Basler Missions-Handelsgesellschaft eine Zweigstelle in Accra, einer Hafenstadt an der Goldküste (Hauptstadt des heutigen Ghana). Verhandlungen mit der freundlichen Handelsgesellschaft Friedrich M. Vietor Sons aus Bremen ermöglichten ihnen schließlich den Erwerb einer Fabrik samt Zubehör in Accra, so daß die Mission im Februar 1873 die »Basler Missions-Fabrik« eröffnen konnte. Ab 1. Januar 1870 konnten die missionarischen Kaufleute ihre Gehälter und all ihre Reisekosten direkt aus der Kasse der Handelsgesellschaft beziehen. Dennoch blieben sie unter der Aufsicht der »Konferenz der Missionsstationen«, des Missionsschatzmeisters und des Missionskomitees. 1871 beschäftigte die Handelsgesellschaft zwölf europäische Missionskaufleute (je sechs in Indien und Afrika), 1875 waren es 15. Unterdessen wurde die Webindustrie der Basler Mission in Tschombala/Indien so berühmt und ihre einheimischen christlichen Arbeiter handwerklich so geschickt, daß deren Produkte, auch als »Mission-cloth« (Missionsstoff) bekannt, zu einem Synonym für Qualität wurden. Während eines Dankgottesdienstes in Kannanur/Indien anläßlich des 25jährigen Geschäftsjubiläums forderte einer der 186 zum christlichen Glauben übergetretenen Weber, die sich ihren Lebensunterhalt in dieser Industrie verdienten, die Anwesenden heraus, »für die Heiden zum Vorbild zu werden durch unsere Treue zum Herrn bei Markte und unseren Lebensstil überhaupt!«[61] Während der ersten beiden Jahrzehnte ihrer Geschäftätigkeit (1859 – 1879) konnte die Gesellschaft 230.360 Schweizer Franken Gewinn an die Mission abführen. Also wurde der Vertrag der Missions-Handelsgesellschaft 1880 naturgemäß für weitere zwanzig Jahre erneuert. Danker läßt in seinen Ausführungen keinen Zweifel daran, daß die Gesellschaft ganz klar auf Nutzen für die Mission hin organisiert war.[62]

In Schlatters historischem Abriß können wir folgendes über die Ziele der Gesellschaft nachlesen: . . . die Bestrebungen der evangelischen Missionsgesellschaft in Basel durch Versorgung ihrer Stationen und Werkstätten mit ihren europäischen Bedürfnissen, durch Einführung der Heidenchristen und Heiden in den christlichen Handelsbetrieb und, soweit Gott seinen Segen dazu verleiht, durch finanzielle Unterstützung zu fördern.[63] (siehe auch Fußnote 60 – Danker).

1882 fusionierte die Missions-Handelsgesellschaft mit der Industrie-Kommission, was die künftige Entwicklung beider begünstigte. 1883 wollten die Verantwortlichen der Gesellschaft jedoch sicherstellen, daß ihr Name »Missions-Handelsgesellschaft« zum Zwecke der Identifikation mit ihrem Zeugnis in nichtchristlichen Kreisen zu Hause als auch in Übersee als solcher bekannt sei. Eduard Preiswerk, Mitglied des Missionskomitees und Vorsitzender der Handelsgesellschaft, sah in den kommerziellen Aktivitäten in Afrika und Indien »die Verwirklichung des Kommens des Reiches Gottes.«[64] Noch im selben Jahr legte Missionsinspektor Otto Schott (1831 – 1901) ein Memorandum vor, in dem er für die vollständige Trennung zwischen Basler Mission und den Geschäften der Missions-Handelsgesellschaft plädierte. Obschon keines der Komitees (d.h. weder Mission noch Handelsgesellschaft) zum damaligen Zeitpunkt für diese Trennung war, kam die nachfolgende Frage als moralisches Preisrätsel auf, an dem sich die Geister schieden: »Können lukrative Geschäfte vollständig in eine traditionelle Missionsarbeit integriert werden?« 1887 gab es erste Anzeichen für eine Lockerung der Kontrolle durch den Missionsrat der Handelsgesellschaft. Die Statuten wurden überarbeitet, um Vorkehrungen für die jährliche Zusammenkunft der Aktionäre zu treffen; obwohl die Mission vierzig Prozent der Anteile besaß, sollten ihr nur zwanzig Prozent der Stimmen zugestanden werden. Mit der Gesellschaft ging es indes weiter aufwärts. Drei Schweizer Bauern, Mitglieder der Basler Mission, waren die ersten, die Kakaoplantagen im heutigen Ghana (der damaligen Goldküste) einführten. 1879 brachte

Tetteh Quarshie, ein afrikanischer Sklave, den Basler Missionare freigekauft hatten, Kakaobohnen aus Fernando Po und San Thome mit. Sie wurden von spanischen Pflanzern angebaut, die die Bohnen wiederum aus Südamerika importiert hatten. Ein anderer Missionar, Arnold Mohl, importierte 1889 Kakaoschoten aus Kamerun. Unterstützung für die Kakaoanpflanzungen kam sogar von der britischen Regierung, die in diesem Punkt mit der Basler Mission zusammenarbeitete. 1891 schifften sie ihre erste Ladung Kakao nach Europa ein. 1911 erreichte die Gesamtproduktion in Ghana vierzig Millionen Kilo. Innerhalb von zwei Jahrzehnten war Ghana weltweit führend in der Kakaoerzeugung geworden. Auf diese Weise trugen die Missions-Handelsgesellschaft und ihre landwirtschaftlichen Leistungen dazu bei, eine unabhängige Klasse afrikanischer Bauern als freie Kinder Gottes hervorzubringen wie auch zu stärken.[65] 1890 waren elf europäische Missionare bei den afrikanischen Missionsfabriken beschäftigt, im Jahre 1912 waren es schon deren 34. Ortsansässige afrikanische Mitarbeiter gab es 1911 im ganzen 566.[66]

Während der ersten fünfzig Jahre der Existenz der Handelsgesellschaft und ihrer Übersee-Fabriken behielten die für sie tätigen Missionskaufleute und Handwerker ihren Status als Missionare. Sie erhielten das gleiche Gehalt wie herkömmliche Missionare, hatten dieselben Stimmrechte bei den Missionstreffen und -konferenzen und hatten sich zu einem lebenslangen Dienst verpflichtet. 1909 wurden die fortgesetzten Spannungen zwischen ordinierten Vollzeitmissionaren und Handelsmissionaren innerhalb der Handelsgesellschaft durch die Einführung von Zeitverträgen und die Verpflichtung von Christen gelöst, die sich selbst in erster Linie als Geschäftsleute sahen. Diese Männer sollten aber trotzdem Charakter und Ziele der Basler Mission kennen und verstehen lernen. Es wurde von ihnen verlangt, daß sie aktives Mitglied einer der Kirchen vor Ort waren. Ferner war der Zweck der Gesellschaft in all ihren Projekten nach wie vor der eines »missionarischen Werkzeugs«, um Wandel im Sinne eines christlichen Fortschritts zu bewirken. So hielten die Betriebe und Werkstätten der Handelsgesellschaft einschließlich ihrer indischen Werke und ihrer Handelsniederlassungen an dem ihnen eigenen missionarischen Charakter als Zentren christlicher Ausbildung fest. Als die Handelsgesellschaft 1909 ihr fünfzigjähriges Jubiläum feierte, zahlte sie für Missionare im Ruhestand aus ihren Jahreseinnahmen insgesamt 354.760 Franken in die Missionskasse. Außerdem gab es eine extra Jubiläumsausschüttung von 150.000 Franken in den Pensionsfonds für Missionare im Ruhestand, Invalide und Witwen.

Von 1859 bis 1913 investierte man an die zehn Millionen Franken in Missionsprojekte in China, Ghana und Indien, alles dank der Überschüsse der Handelsgesellschaft.[67] Die interne Umstrukturierung und die Zunahme an Missionsinvestitionen lassen sich zurückführen auf die weitere Expansion der Gesellschaft, die sich allein an den Beschäftigungszahlen festmachen läßt: 1913, am Vorabend des Ersten Weltkriegs, waren z. B. die Basler Industriebetriebe in Indien zu einem immensen Geschäftskomplex mit 3.636 Beschäftigten geworden. Erst mit dem Ersten Weltkrieg kam es zur völligen organisatorischen Aufteilung in Handelsgesellschaft und Mission. Unter dem Druck des Krieges verkaufte die Mission ihre 120 Anteile und trat alle gesetzlichen Rechte an die Gesellschaft ab. Am 20. November 1917 verabschiedete die Generalversammlung der Gesellschaft eine neue Satzung. Ihre Ortsstatuten hielten allerdings weiter daran fest, daß das »Voranbringen und die Unterstützung der Arbeit am Reich Gottes im Sinne des Evangeliums finanziert werden« sollten.[68] Auf jeden Fall wurde am 4. Dezember 1928 auf der Generalversammlung die endgültige Namensänderung der Gesellschaft von »Missions-Handelsgesellschaft« in »Basler Handelsgesellschaft mbH« vollzogen, was ihre Umwandlung von einem rein missionarischen Unternehmen in eine völlig andere Unternehmensform besiegelte. Das Konzept des »Handwerker-Theologen«, umzusetzen im Kontext kleiner Kaufmannsläden und verschiedener Projekte im Sektor Handel und Gewerbe, war ein Jahrhundert zuvor dem ersten Basler Missionsinspektor Blumhardt zu einem Herzensanliegen geworden. Verwirklicht von vorausschauenden berufstätigen und kaufmännisch tätigen Christen, hatte es sich zu einer weltweit operierenden und hohe Gewinne abwerfenden säkularen Handelsgesellschaft entwickeln können. Abschließend führt Danker aus:

Die Basler Handelsgesellschaft ist stets bemüht gewesen, exemplarische Christen auszusenden, damit sie im Wirtschaftsalltag Zeugnis gäben. Sie verbargen ihr Licht nicht unter einem Scheffel von Vorratszertifikaten; sie stellten es hoch auf ihren Leuchter, eine lebendige Demonstration des Evangeliums in der Fabrik und am Ladentisch.[69]

Zusammenfassend können wir an diesem Beispiel erneut sehen, daß christliche Gaben und berufliche Fähigkeiten, gottgewirkte Weitsicht und Frömmigkeit selbst bei wachsenden Geschäftsrisiken zu missionarischen Projekten in fernen Gegenden instrumentalisiert werden konnten, um ganze Gesellschaften, ja Länder zu prägen – zur Ehre Gottes und zur Ausdehnung seines Königreiches!

Friedrich Wilhelm Raiffeisen – der christliche Geschäftsmann par excellence

Die Biographie von Friedrich Wilhelm Raiffeisen ist ein hervorragendes Beispiel für die Innovationskraft des christlichen Glaubens. 1846/47 gründete Raiffeisen gemäß dem christlichen Prinzip: »Einer für alle – alle für einen« ein kleines Kreditinstitut, ausgehend von einem sogenannten Brotverein. Der Anlaß für diese Gründung war eine drohende Hungersnot, die es abzuwenden galt. Dem Kreditinstitut folgte 1849 eine Gesellschaft zur Unterstützung armer Bauern. Auch hier war Raiffeisen federführend. Es war der Anfang dessen, was heute als Internationale Raiffeisen-Union bekannt ist. Wo immer diese Genossenschaft in Erscheinung trat, ging es den Verantwortlichen vor allem um die Ächtung des Wuchers. Raiffeisen wandte nicht viel Zeit für das Zitieren von Bibelstellen auf, sondern mehr darauf, diese in die Tat umzusetzen. Auch in seiner Funktion als Bürgermeister handelte er im Einklang mit christlichen Grundsätzen. 1849 nahm die erste ländliche Genossenschaften ihre Arbeit auf: Raiffeisens Verein kaufte 72 Kühe und verkaufte sie an arme Bauern weiter, wobei er ihnen zu günstigen Bedingungen (niedriger Zinssatz, fünfjährige Ratenzahlungsfrist) Kredite einräumte. Im darauffolgenden Jahr wiederholte man dies mit 110, im dritten Jahr mit 152 Kühen. Die Raiffeisen-Biographen Fritz Lamparter und Walter Arnold schreiben in ihrem Buch, der Verein habe in seinen ersten fünf Jahren Kredite in Höhe von insgesamt 11.735 Talern vergeben.[70] Einwände von Regierungsseite, denen der dynamische Raiffeisen zu trotzen hatte, vermochten seinen Erfolg nicht zu verhindern. Mit seinem christlichen Engagement trat er den Beweis an, daß kräftiges wirtschaftliches Wachstum möglich ist. Karl Marx und Friedrich Engels waren Raiffeisens Zeitgenossen. Ihre Erben zerstörten im Dienste einer gottlosen Ideologie, von eigenmächtigem und unbarmherzigem Eifer beseelt, Wirtschaftsräume von beachtlicher Größe. Raiffeisen dagegen bot mit seinem Wirtschaftsprogramm hart arbeitenden Menschen Hilfe zur Selbsthilfe an. Um weiteren Wirtschaftsraum zu erschließen, griff er auf Subventionen der Regierung sowie auf Gelder zurück, die ihm eine Sägemühle eingebracht hatte, eine seinerzeit zweckdienliche Einrichtung im Rahmen des Baus der Rheinstraße (der heutigen B 256, verbindet die Städte Hamm und Neuwied) zum Abtransport des Holzes aus den Gemeindewäldern des Westerwaldes. In den folgenden Jahren rief Raiffeisen hunderte Spar- und Darlehenskassen ins Leben; allein 1862 kam es zur Gründung von vier Banken. Der Zweck dieser Vereinigungen beschränkte sich auf die Gewährung von Darlehen. Damit wollte Raiffeisen sich nicht zufriedengeben. Er arbeitete an neuen Statuten für die Spar- und Darlehenskassen.

1866 erschien sein Buch, das noch im selben Jahr in Wiesbaden neu aufgelegt wurde. 1872 konnte Raiffeisen die ländliche Genossenschaftsbank mit Sitz in Neuwied eröffnen. Drei Jahre vorher hatte er bereits eine Regionalbank gegründet, die mit Darlehen und Überschüssen arbeitete und neuen Gesellschaften Startkapital anbot. Seine Überlegung war, daß man nicht von anderen abhängig sein und daß nach dem Vertrauen auf Gott das Vertrauen in uns selbst kommen sollte. Die Genossenschaftsbank diene als Ausgleichsystem oder Wasserreservoir, das z. B. von außerhalb mit Wasser, beispielsweise von Marschwiesen, gespeist würde. Trockenes Land könnte dann mit Wasser aus den Behältern bewässert werden. Ein derartiges Kanalsystem könnte fruchtbares Land und neues Leben hervorbringen. 1874 gründete Raiffeisen die erste Universalbank. Er hatte seine Organisation somit auf drei Ebenen aufgebaut:

Die unterste Ebene war die ursprüngliche Genossenschaft mit den kreditgenossenschaftlichen Vereinen.

Auf der zweiten Ebene befand sich die sogenannte Regionalbank.

Und schließlich als höchste Ebene die Universalbank.

Mit diesem System war Raiffeisen seiner Zeit weit voraus. 1870 wurde ein neues Gesetz über Kapitalkörperschaften verabschiedet. Dies erleichterte es Raiffeisen, am 30. September 1876 eine ebensolche zu gründen. Er machte die Erfahrung, daß eine Körperschaft durchaus auch solidaritätsfördernd ist und sogar Voraussetzungen schaffen kann, die es der Unterschicht ermöglicht, sich emporzuarbeiten, und eine stärkere Mittelschicht bildet. Raiffeisen träumte von einem Netz von Banken, das sich über ganz Deutschland erstreckte. Doch er sollte noch viele Enttäuschungen erleben und mußte sogar mit der Spaltung der Gesellschaft fertigwerden. Es dauerte bis zum Jahr 1930, ehe die 36.339 ländlichen Genossenschaften vereinigt wurden, und bis 1948, ehe es zur Gründung des Deutschen Raiffeisenverbandes e. V. kam. Raiffeisen starb 1888 im Alter von siebzig Jahren. Gelebt und gewirkt hatte er getreu der Maxime, daß wir uns nicht darauf beschränken sollten, Gott um Hilfe zu bitten, sondern selbst unseren Teil beitragen sollten, indem wir fleißig und treu unsere Pflichten erfüllen, und daß Gottes Segen und menschliche Betätigung zum Erfolg führen. Unsere Leistung allein sichert keinen Erfolg. Ein höherer Zweck muß uns führen. Der Zweck unserer Leistung sollte durch Gottes Liebe für die Menschheit bestimmt sein. Gottes Wille sollte nicht nur durch uns, sondern auch in uns vollzogen werden. Die Raiffeisenbank erfuhr ein phänomenales Wachstum. 1897 wurde der Internationale Raiffeisengenossenschaftsverband gegründet. Um 1900 gab es Raiffeisen-Gesellschaften in 18 europäischen Ländern. Raiffeisens Modell kann man mit Blick auf die Länder der Dritten Welt und vor allem auf viele im sogenannten 10/40-Fenster[71] nicht einfach übergehen. Insgesamt gibt es 330.000 Gesellschaften mit über 270 Millionen Mitgliedern in rund hundert Ländern, und alle arbeiten nach Raiffeisenschem Prinzip. Raiffeisen hatte begriffen, daß Reichtum Verpflichtung birgt, und setzte sich konsequent für die Belange der sozial Schwachen und Bedürftigen ein. Bienen waren für ihn ein Muster für den Fleiß der Frommen. Auf seiner letzten Konferenz äußerte er die Ansicht, daß der Geist christlichen Glaubens und christlicher Liebe die Triebfeder und -kraft unermüdlicher Arbeit sein müsse. Niemals sollten unsere Gesellschaften auf das Niveau rein materieller Geschäfte mit nur geringer oder nicht lange andauernder Wirkung absinken dürfen. Wir

können solches nicht ohne den Geist christlichen Glaubens erreichen, den Geist hingebungsvoller Liebe zu Gott und unserem
Nächsten. Die Biographie von Friedrich Wilhelm Raiffeisen
weist einen mutigen Weg für den christlichen Geschäftsmann
von heute. Sie ermutigt ihn, neue Kreditinstitute zu gründen.
Denn solche Unternehmen können von außerordentlicher Bedeutung sein. Sie könnten z.B. zu günstigen Kreditbedingungen
Entwicklungshilfeprojekte im 10/40-Fenster, in Ländern unter
dem islamischen Halbmond mit initiieren und finanzieren oder
neue Erwerbsmöglichkeiten für Konvertiten schaffen, die wegen
ihres neuen Glaubens entlassen worden sind. Es besteht ein drin-
gender Bedarf an solchen Banken, deren Leitung, vom Geist
Christi geleitet, bisher unerreichten Völkern das Evangelium
bringt.

Bibliographie (Auswahl)

Arnold, Walter und Lamparter, Fritz H., Friedrich Wilhelm
    Raiffeisen: Einer für alle – alle für einen, 2. Aufl. (Neuhausen-
    Stuttgart: Hänssler Verlag, 1996)
Burckhardt, Paul, Geschichte der Stadt Basel (Basel: Helbing &
    Lichtenhahn, 1942).
Danker, William J., Profit for the Lord (Grand Rapids: William
    B. Eerdmans Publishing Company, 1971).
Flüeler, Niklaus und Gfeller-Corthesy, Roland, Die Schweiz
    (Zürich: Ex Libris Verlags AG, 1975).
Haussig, Hans Wilhelm, Die Geschichte Zentralasiens und der
    Seidenstraße in vorislamischer Zeit. 2. Aufl. (Darmstadt: Wis-
    senschaftliche Buchgesellschaft, 1992).
Helman, Albert, Merchant, Mission and Meditation (Parama-
    ribo: C. Kersten & Co. N. V., 1968).
Latourette, Kenneth Scott, A History of Christianity: Reforma-
    tion to the Present, Bd. 2 (San Francisco: Harper Collins Pu-
    blishers, 1975).

Orde, Klaus von, Carl Mez: Ein Unternehmer in Industrie, Politik und Kirche (Gießen, Basel Brunnen-Verlag, 1992).

Rennstich, Karl, Die zwei Symbole des Kreuzes (Stuttgart: Quell Verlag, 1988).

Rennstich, Karl, Handwerker-Theologen und Industrie-Brüder als Botschafter des Friedens (Stuttgart: Ev. Missionsverlag im Christlichen Verlagshaus GmbH, 1985).

Rennstich, Karl, ».. . nicht jammern, Hand anlegen!«: Christian Friedrich Spittler; Sein Werk und Leben (Metzingen: Verlag Ernst Franz, 1987).

Schlatter, Wilhelm, Geschichte der Basler Mission 1815–1915, Bd. 1–3 (Basel: Verlag der Basler Missions-Buchhandlung, 1916).

Wanner, Gustav Adolf, Die Basler Handels-Gesellschaft AG 1859–1959 (Basel: Basler Handelsgesellschaft, 1959).

Wanner, Gustav Adolf, Eduard und Wilhelm Preiswerk (Zürich: Verein für wirtschaftshistorische Studien, 1984).

Zimmerling P., Nachfolge lernen: Zinzendorf und das Leben der Brüdergemeine (Moers: Brendow Verlag, 1990).

3. Kapitel: Aktuelles Zeltmachertum

Einer der Autoren berichtet:

Drei Fallstudien

Eine kleine spanische Import-Export-Firma

Hintergrund

PM International (PMI) hat seit der offiziellen Betriebsgründung im Jahr 1984 Zeltmachertum praktiziert. Von Beginn an war ich mit der Erforschung, Ausführung und Ausweitung dieser Facette des Dienstes beauftragt. Die Sache hatte ihren Lauf genommen – typisch, wie der Herr so häufig schon geführt hat – an einem sonnigen Tag in der Eingangshalle bei einer christlichen Osterkonferenz im Jahre 1989, als ich den Inhaber von Heaven's Import-Export (HIE) traf.[72] Es handelte sich um einen christlichen Geschäftsmann mit einem Anliegen für Mission, Evangelisation und Wachstum des Reiches Gottes, der auch keine Angst vor der Arbeit in einer fremdländischen Kultur wie der arabischen hatte.[73] Als jemand, der diesen Teil der Welt vor seiner Bekehrung ausgiebig bereist und auch dort gelebt hatte, fühlte er sich stark von dem Gedanken angezogen, für eine Gesellschaft zu arbeiten, deren Missionare bzw. Geschäftsleute in muslimisch geprägte Gegenden gelangen und hier gleichzeitig gewinnbringend Produkte kaufen, erzeugen und importieren könnten. Dieser Input wurde durch sein Verlangen, islamische Völker mit der umwandelnden Kraft des Evangeliums zu erreichen, noch verstärkt.

Heaven's Import-Export

Das kleine Familienunternehmen wurde zwischen 1986 und 1987 mit einem Startkapital von ungefähr 20.000 US-$ gegründet. Es war im Großhandel für handgefertigte Artikel tätig. Der Inhaber importierte Artikel aus unterschiedlichen Gebieten oder produzierte sie selbst; dann verkaufte er sie an Läden und Markthändler in seiner zwei Millionen Einwohner zählenden Stadt. Zum Zeitpunkt des Aufeinandertreffens und dem Beginn der Geschäfte mit PMI (1990) hatte die Gesellschaft einen Wert von ca. 150.000 US-$, inklusive Warenhaus und Lieferwagen. Die Gesellschaft beschäftigte zwei bis drei Mitarbeiter. Heute ist HIE in seiner besonderen Nische zu einem der führenden Importeure, Spezialisten und Vertreiber von Töpferkunstwaren in Spanien geworden. Der jährliche Umsatz hat sich auf 300.000 $ verdoppelt. Alle zwei Monate passiert ein Sechs-Meter-Container mit 5.000 handgefertigten Einzelartikeln aus Keramik die Grenze, um Märkte in ganz Spanien zu beliefern. Die Gesellschaft hat jetzt vier bis fünf Angestellte plus fünf Vertreter. Die nächste Stufe könnte durchaus die Erschließung weiterer Märkte in Europa außerhalb von Spanien sein.

Was geschah?

Seit 1984 hatte ich das Zielgebiet ausgiebig bereist und verschiedene Möglichkeiten für Geschäfte ausgekundschaftet. Dadurch konnte HIE beim Start auf gewisse Kontakte sowie ein gewisses Maß an Erfahrung beim Handel mit Produkten wie Lederwaren, Holz, Keramik und Teppiche zurückgreifen. Ein Kollege von PMI wurde der neue HIE-Inlandsvertreter. Er war von der Hauptgeschäftsstelle in Spanien angefragt worden, um die Ladezeiten für den LKW zu regeln. Ferner sollte er an den verschiedenen Orten die Bestellungen abwickeln und eine ungefähre Zeit abmachen, zu der er wiederkommen würde, um sie einzusammeln, und bei Gelegenheit stichprobenartig den Ablauf und die Qualität überprüfen. Das alles brachte fabelhafte Möglichkeiten mit sich, Kontakte, Freundschaften zu knüpfen und das Evangelium zum Thema zu machen, insbesondere in jenen entlegenen Gebieten, wo es keine Ausländer gab.[74]

Ein anderer PMI-Mann mit Erfahrung im Teppichgeschäft und -export baute sich eine eigene Inlandsexportfirma auf, um Produkten für HIE den Weg zu bereiten. Damit waren nun schon zwei Zeltmacher am Werk. Während diese beiden einen gewissen Profit aus diesen Handelsaktivitäten zogen, wuchs sich die Arbeit für die kleine spanische Firma zu einer finanziellen Belastung aus. Deshalb nahm der Inhaber sich 1993 vor, ein eigenes Netzwerk an Kontakten aufzubauen. Zum Glück konnte er einen einheimischen Christen, der früher Moslem gewesen war, einstellen. Er schaffte es, die Herstellungskosten zu senken. Bis heute sind vier oder fünf kleine islamische Produzenten, die mit der Firma zusammenarbeiten, mit der Botschaft des lebendigen Gottes in Berührung gekommen. Mindestens zwanzig andere Handwerker sind in der einen oder anderen Form mit einem christlichen Zeugnis konfrontiert worden.

Auswertung

Es ist ganz offenbar keine leichte Aufgabe für einen Missionar, Zeltmacher zu sein. Erstens muß er ein hochqualifizierter Profi in seinem Metier sein, zweitens muß er sich mit ganzem Herzen seinem Geschäft widmen können. Ist seine Zeit etwa wie folgt aufgeteilt: zehn (oder mehr) Wochenstunden Sprachstudium, Aufgaben im Rahmen des Missionswerkes und dann auch noch Besuche, geistliche Gespräche und Bibelstunden während der Arbeitszeit, so bleibt nicht viel Zeit für seine Tätigkeit auf dem Markt. Die Geschäftswelt ist hart. In diesem speziellen Fall kam die kleine Firma nicht mit den hohen Fixkosten zurecht. Sie mußte die Einkaufskosten senken, um wettbewerbsfähig zu bleiben. Ein dritter Aspekt ist, daß die Partnerfirma bei einer Geschäftskooperation über hinreichende finanzielle Ressourcen verfügen muß, damit die erforderlichen Korrekturen und Anpassungen vorgenommen werden können, bis die Schwierigkeiten der ersten zwei bis drei Jahre überwunden sind und der Reingewinn ein zufriedenstellendes Niveau erreicht hat. HIE hat mittlerweile Land gekauft und ist dabei, sein eigenes Fabrikationszentrum im Zielgebiet des Handels zu errichten. Dadurch ist es dem Unternehmen möglich, auch weiterhin Arbeiter mit den Grundsätzen eines für das Reich Gottes tätigen Werks zu beeindrucken und das Evangelium zum Gespräch zu machen – ganz abgesehen davon, daß der Betrag für die Produktionskosten gesenkt und vermutlich sogar die Qualität der Produkte erhöht werden kann.

Eine multinationale Beratungsgesellschaft mit Sitz in den Vereinigten Staaten

Hintergrund

Teil meiner Arbeit ist bis heute geblieben, mit der internationalen Zeltmacherbewegung in Verbindung zu sein und an ihr teilzuhaben. Anfang 1992 besuchte ich die erste amerikanische Konferenz für das Zusammenwirken von Zeltmachern. Hier machte ich die Bekanntschaft des Präsidenten von Kingdom Corporation Ltd. (KCL),[75] einer missionarisch ausgerichteten Beratungsfirma. Gegen Ende 1993 reiste ich in eine entlegene Gegend von Asien, in ein Land, das für die christliche Mission besonders schwer zugänglich ist. Hier besuchte ich das Büro von KCL für diesen Sektor. Auf einer späteren Zeltmacherkonferenz im Frühjahr 1994 traf ich auf den Vizepräsidenten der Firma. Im Sommer 1995 durfte ich das internationale Hauptquartier in den USA besuchen, verbrachte hier einen Nachmittag mit dem Präsidenten und einigen weiteren Führungskräften der Firma und kam auf diese Weise zu einem besseren Verständnis der Arbeit von KCL. Im Herbst desselben Jahres besuchte ich ein anderes Außenbüro der Firma im Mittleren Osten. Diesen Kontakten verdanke ich eine klare Vorstellung über die Ziele von KCL: ein hohes Maß an Professionalität und gewinnträchtige Geschäfte, gepaart mit einem wirksamen christlichen Zeugnis in schwer zugänglichen Ländern, um dem Kommen des Reiches Gottes die Bahn zu ebnen.

Kingdom Corporation Ltd.

Die Firma nahm 1987 ihre Arbeit auf – als »klares Missionsunternehmen«. Im Jahre 1989 wurde der bestehende Präsident bestätigt, und es gab einen neuen Geschäftszweig: Der Verkauf von Ausrüstung und Technologie aus den Vereinigten Staaten wurde auf Märkte in Asien ausgeweitet. Dieser Geschäftsbereich hat eine Größenordnung von über zehn Millionen Dollar angenommen, und nach den laufenden Rechenschaftsberichten macht er über siebzig Prozent der Nettoverkäufe der Firma aus. Die Gesellschaft unterhält zwischen zehn und zwanzig Tochterbüros in Asien und dem Mittleren Osten, bis auf eine Ausnahme alle in den schon genannten extrem schwer zugänglichen Ländern. Sie zählen mehr als 150 Beschäftigte weltweit, einschließlich derjenigen in Tochterbüros und Joint-ventures. Das US-Hauptquartier verfügt über einen Mitarbeiterstab von 14 Ingenieuren und Beratern. Angesichts der rasanten Entwicklung ihres Geschäfts mit Beleuchtungsanlagen hat sich KCL kürzlich neu strukturiert und stellt zur Zeit um von Technologieherstellung und -ausrüstung auf die Herstellung von Beleuchtungsanlagen. Im Juni 1993 verhandelte diese Abteilung über vierzig verschiedene Beleuchtungsprojekte im Gesamtwert von mehreren Millionen Dollar.[76] Ein Prospekt wirbt mit den Worten: »Gegenwärtig sind wir an einer Vielzahl von Industrieprojekten beteiligt, deren Gesamtvolumen sich auf mehr als 24 Millionen Dollar beläuft.« Eine weitere Meldung, vom Herbst 1995, beziffert KCLs jährliche Verkäufe auf über 15 Millionen US-Dollar.

Was geschah?

Es war erklärtermaßen eines der Ziele von KCL, den Missionsbefehl durch das Hindurchdringen zu unerreichten Völkern zu erfüllen. Aus diesem Grunde begannen sie, Missionswerken oder freien Zeltmachermissionaren, die die unerreichten Gegenden der Welt im Auge haben, sogenannte »tentmaking franchises« (Zeltmacherkonzessionen) anzubieten. Einer ihrer Geschäftsführer ist direkt mit der Durchführung dieses Programms betraut. KCL hilft Teams mit dem entsprechenden Anliegen, entweder ein Tochterbüro zu eröffnen (um die nötigen Kontakte und technischen Rat kümmert sich KCL) oder sich in bereits bestehende Büros zu integrieren. In jedem Fall müssen die neuen Angestellten beruflich qualifiziert sein. In einem offiziellen Info-Blatt brüstet KCL sich damit, über Personal mit »vier Doktoren der Philosophie, zwölf Magistern und über fünfzig Jahren Erfahrung in der Industrie« zu verfügen.[77] Als erstes müssen sie ein internes Praktikum absolvieren, das sie auf einen Langzeitaufenthalt unter unerreichten Völkern in schwer zugänglichen Ländern besonders vorbereitet (die man übrigens ebensogut als leicht zugänglich auf dem Wege kreativer Methoden bezeichnen könnte). Sie lernen etwas über Unternehmergeist, erhalten technisches Know-how und entscheidende Kompetenzen, um sich in der internationalen Geschäftswelt von heute mittels eines Wettbewerbsvorteils zu behaupten. Mindestens fünfzig Zeltmachermissionare sind heute Seite an Seite mit einheimischen Christen und Missionsteams tätig und nutzen die sich so bietenden Möglichkeiten, unerreichten Völkern die Botschaft Jesu nahezubringen.

Auswertung

Soweit ich gesehen habe, sind die Ergebnisse äußerst ermutigend. Die Firma verfügt über genügend Geschäftssinn, Fachwissen und Kapital, um in ihren Unternehmungen erfolgreich zu sein. Die Zeltmacherkonzessionen rufen mitunter Spannungen zwischen der Geisteshaltung von Missionaren (oder ihren Werken) und mehr berufsorientierten christlichen Geschäftsleuten hervor, die nicht anders können, als die Rentabilität ihrer Firma sicherzustellen. Der Zeltmacher, der mit einem Missionswerk einreist, hat in der Regel Zeiten für das Studium der einheimischen Sprache, für Teamtreffen und Kontakte mit den Menschen einzuplanen, wohingegen der »Vollblutgeschäftsmann« natürlich mit ganzem Herzen bei seinem Geschäft ist. Es ist vielleicht ganz logisch, zu vermuten, daß letzterer weniger Zeit hat, um Menschen für Jesus zu gewinnen, aber es muß nicht so sein. Diese und ähnliche Aspekte werden Gegenstand der Diskussion im fünften Kapitel dieses Buches sein.

Eine nicht-westliche Weltklasse-Textilfirma

Hintergrund

Im März 1995 hatte ich das Vorrecht, an der ersten internationalen Austauschkonferenz für Zeltmacher teilnehmen zu können. Hier informierten zwei nicht aus dem Westen stammende Brüder über ihre Firma Angel Textiles (AT)[78] und verteilten Schriften dazu. Ein Briefwechsel schloß sich an.

Angel Textiles

Die Firma begann ihre Arbeit in der Garage des jetzigen Vorstandsvorsitzenden, eines entschiedenen Christen, der von 1975 bis 1980 im vollzeitlichen christlichen Dienst stand. Zunächst war es nur ein kleiner Warenhandel, vergleichbar mit dem Umfeld des Paulus in Apostelgeschichte 18, 1 – 3. Von Gott gesegnet, entwickelte sich das Geschäft so gut, daß es im Jahre 1980 schließlich für internationale Märkte registriert wurde. Dazu mußte jedoch das gesamte Personal den Beweis einer tief verankerten Treue zu Jesus liefern, und die Firma betrieb ihr Geschäft mit einem hohen Maß an Integrität. Der Effekt war der eines Lichts, das in der Finsternis der um sie herum allgegenwärtigen Korruption hell aufstrahlte. Biblische Prinzipien wurden Bestandteil der Geschäftspraxis. So wurden 1986 und 1993 Sabbatjahre genommen. Und trotzdem wuchs die Firma. 1992 zeichnete die Regierung AT für seine Integrität mit einem Preis aus. Mittlerweile beschäftigt das Unternehmen über 2.000 Arbeitskräfte, die für einen Gesamtjahresumsatz von über einer Milliarde Dollar sorgen. AT ist mit über 2.000 Konzessionsläden weltweit verbunden; einige davon befinden sich in Ländern, die gegen das Evangelium total abgeschottet sind. AT ist so zu einem weltweit tätigen, multinationalen Unternehmen geworden, berühmt für seine Qualität und für seine Redlichkeit bei Geschäften.

Was geschah?

Gegenwärtig sind die Hälfte der Angestellten Christen. Da eine geistliche Andacht zu Beginn jedes Arbeitstages sowie verbindliche wöchentliche Bibelstunden in verschiedenen Gruppen unverbrüchlich zum Firmenleben dazugehören, ist der Einfluß des Evangeliums beträchtlich. Jährliche Betriebsfreizeiten mit Bibelarbeiten führen zu verblüffenden Ergebnissen; viele der nichtchristlichen Angestellten bekehren sich. Die Firma hat sogar ein eigenes geistliches Amt eingerichtet, das z. T. von Kaplanen ausgeübt wird. Die internen christlichen Hauptberuflichen vermitteln den Mitarbeitern Orientierung in bezug auf christliches

Ethos, Geschäftsprinzipien und Sozialverhalten. Dies hat einen umfassenden Einfluß auf alle Lebensbereiche – Lebensstil, Geschäftsbetrieb, Arbeit, Beziehungen untereinander – und motiviert die Mitarbeiter zu Christus-gemäßem Reden und Handeln. 1991 rief die Firma sogar eine Stiftung zur Unterstützung der Behinderten und sozial Benachteiligten ins Leben, und seit 1994 gibt es eine Fabrik für taube Arbeiter. Kein Wunder, daß, wo immer auf der Welt Mitarbeiter von AT arbeiten, produzieren, verhandeln, kaufen und verkaufen oder herumreisen, sie als »businaries« bekannt sind, ein Wortspiel im Englischen aus den Begriffen »businessman« (= Geschäftsmann) und »missionary« (= Missionar): Geschäftsleute mit einer missionarischen Vision.

Auswertung

Es steht außer Frage, daß AT alles andere als ein einfaches Schlüsselrezept für seine Arbeitsweise zugrunde liegt. Gleichwohl scheint ein ganz eindeutiger Gedanke zu dominieren: Der christliche Geschäftsmann, Angestellte oder Arbeitnehmer braucht nicht in einer Dichotomie zwischen Sakralem und Säkularem, Heiligkeit und heilloser Weltlichkeit, zu leben. Da AT von Geschäftsebene aus operiert, wirbt man keine Missionare an, sondern greift vielmehr auf christliche oder weltliche Erwerbstätige zurück. Diese Erwerbstätigen werden dann angespornt, sich sowohl für Jesus als auch für die Firma voll einzusetzen und so ein klares Verständnis davon zu gewinnen, wie christliche Grundsätze auf das ganze Leben angewandt werden können. So werden sie zu »businaries« und holen das Beste aus sich heraus zur Ehre Gottes an ihrem Arbeitsplatz wie auch in ihrem Privatleben.

4. Kapitel: Ethische Grundlagen

Einführung

Nachdem wir historische Entwicklungen in drei grundver-
schiedenen Epochen bis hinein in die Gegenwart untersucht
haben, bleiben noch eine Reihe theologischer sowie ethischer
Fragen zu klären: Wie vereinbarten die christlichen Purpur-
händler aus Thyatira (Klein-Asien) im zweiten Jahrhundert
den Geschäftsmann mit dem reisenden Missionar in Lyon?
Und wie steht es um die nestorianischen Kaufleute des siebten
Jahrhunderts, die über die Seidenstraße nach China reisten und
dabei nicht nur Waren verkauften, sondern auch das Evangelium bekannt machten? Verspürten sie so etwas wie eine Spannung zwischen ihren täglichen Geschäften auf dem Marktplatz
und dem inneren Feuer für ihre neuen Glaubensüberzeugungen?

Und was ist mit den Herrnhutern aus dem 18. Jahrhundert, die
ihre kleinen Läden in Surinam einweihten, um ihre importierten
Waren zu fairen Preisen an die Eingeborenen zu verkaufen, und
sich selbst dabei finanziell durchtragen mußten? Machte es sie
vielleicht ein wenig »ungeistlicher«, den ganzen Tag an der Werk-
bank oder hinter der Theke zu verbringen? Welche Sicht hatten
sie von ihrer Arbeit? Weshalb stellten renommierte protestantische Geschäftsleute und vielbeschäftigte Senatoren im Basel des
19. Jahrhunderts ihre Zeit, ihren Rat und beträchtliche Geldbeträge der Basler Mission und ihrer Handelsgesellschaft zur Verfügung? Wie faßten sie Kapital und seine Verwendung auf? Was
ist so besonders an dem Importeur von handgefertigten Produkten aus Spanien, der kleine Dörfer in Nordafrika aufsucht, oder
an dem amerikanischen Maschinenbauingenieur, der arabischen

Fabriken beratend zur Seite steht, oder an dem christlichen Geschäftsmann aus Asien, der im Jumbo sitzt?

Diese komplexen, zugrunde liegende Werte und Überzeugungen, die Lebenswandel und Verhaltensweisen bedingen, sind dem Bereich Ethik zuzuordnen. Das Evangelium ist ganz offensichtlich die Quelle einer verbindenden Wahrhcit, die diese Menschen leitete. Und diese gemeinsame Wahrheit dürfte auch für die heutige Zeit durchaus gültig sein.

Business und Ethikgeschichte

Die philosophisch begründete Ethik hat in der westlichen Welt ihren Ursprung bei den alten Griechen, für die das Werk Homers, aufgezeichnet um die Mitte des achten Jahrhunderts v. Chr.,[79] Hauptquelle für Aussagen von moralischer Autorität war. Interessanterweise ist der Gott Hermes, der in der griechischen Mythologie als Götterbote fungiert, zugleich der Gott der Reisenden und Händler, aber auch der Diebe, Hochstapler und Betrüger. In der antiken Welt wurde Kommerz eindeutig nicht im Zusammenhang mit hohen ethischen Standards gesehen.

Anders in der Zeit des Christentums, wo Jesus Christus Beispiele aus Handel und Geschäftsleben als Hintergrund für seine Lehre wählte (Matth. 25, 14 – 30, Lukas 16, 1 – 12 sowie 19, 12 – 28). Die alten Kirchenväter wie Irenäus und Tertullian befanden Handel und Geschäft für absolut legitim. So kommt A. Hamman in seinen Nachforschungen über das Urchristentum völlig zutreffend zu dem Ergebnis, daß sie »keine Probleme hatten, das Heilige (Himmlische) mit dem Weltlichen (Irdischen) zu vereinen, weil ihre Alltagsbeschäftigungen alle bedeutend für Gott waren.«[80] Allem Anschein nach gab es im Urchristentum eine

Periode, wo Christ und Geschäftsmann zu sein kein Widerspruch war.

Doch mit dem fünften Jahrhundert und den darauffolgenden tat sich ein deutlicher Abgrund innerhalb der Christen und christlichen Gemeinschaften auf, der das Bekenntnis ethischer Ideale und die Motivation für moralisches Handeln einerseits und die Tätigkeit auf der anderen Seite voneinander trennte. Dies wurde dann zu der im Mittelalter vorherrschenden Auffassung. Das Verleihen von Geldbeträgen zu Zinssätzen, in jenen Tagen als Wucher verpönt, wurde auf Veranlassung Karls des Großen auf der Aachener Synode (789) überall im Heiligen Römischen Reich verboten. Grundlage hierfür waren Deuteronomium 23, 19 – 20 und Lukas 6, 35. Auf dem Konzil von Latum 1139 übte die Römisch-Katholische Kirche ihre Weisungsbefugnis für das bürgerliche Leben und Verhalten aus, indem sie ein kanonisches Verbot gegen das Nehmen von Zinsen in Kraft setzte.[81] Die Dekretisten (zuständig für das Kodifizieren des römischen Gesetzes) betrachteten jeden Kauf und Verkauf (mit den ständig darin präsenten Übeln Wucher und Habgier) mit solchem Argwohn, daß die Position des Kaufmanns ins Kreuzfeuer geriet. Geldverleiher wurden im wesentlichen als Gesetzlose angesehen. Zinsen zu nehmen stand nach dieser Auffassung im Widerspruch zur Bibel, zu Aristoteles, zur Natur, denn es hieß, ohne Arbeit zu leben und Zeit zu verkaufen, die doch Gott gehört! Vielmehr waren Kauf und Verkauf, Ausleihen und Borgen für die Kirche simple Akte nachbarschaftlichen oder – je nachdem – nicht nachbarschaftlichen Umgangs miteinander.[82]

Max Weber faßt die alte Norm des traditionellen Katholizismus für den Bereich der kaufmännischen Betätigung mit folgendem Zitat zusammen: »Homo mercator vix aut numquam potest Deo placere.« (»Ein Kaufmann kann Gott kaum oder niemals gefallen.«) D. h., »er kann wohl sündlos handeln, aber nicht Gott wohlgefällig.«[83]

Bedauerlicherweise wurde das, was ernsthafte Besorgnis und

ein aufrichtiges Streben nach sozialer Gerechtigkeit (gegen Wucher bei Geschäften) ausgelöst hatte, im Laufe der Zeit die Praxis des Heiligen Stuhls selbst. Wohlhabende katholische Kaufmannsgeschlechter wie die Fuggers oder Medici häuften, nachdem sie etabliert waren, Kapital an und halfen der Kirche, einen Fonds für die Kreuzzüge anzulegen. Geistliche Titel wurden verhökert, Privilegien und Sakramente im Gegenzug gegen Geld vergeben, mit Ablaß gehandelt, und in dieser ganzen Zeit flossen den klösterlichen Orden und der Kirche immense Reichtümer zu.

Die Kurie wurde infolgedessen zum größten Finanzinstitut des Mittelalters. Aber in dem Maße, wie ihr Steuereinzugssystem optimiert wurde, verschlimmerten sich die Verhältnisse, anstatt besser zu werden. Waren Mißbräuche im 13. Jahrhundert noch in der Größenordnung eines Rinnsals zu verzeichnen gewesen, wurden sie im 15. zu einem reißenden Strom der Korruption. Damit ist ein kurzer Abriß über wirtschaftliches Denken, Handeln und die moralische Orientierung gegeben, die das Erbe des 16. Jahrhunderts darstellten. Es stellt sich nun die Frage: Wie würden die verstohlenen Blicke und korrupten Praktiken der Römischen Kirche der Dynamik eines neuen Zeitalters begegnen, dem Zeitalter der Entdeckungen, der Neuen Welt, der wirtschaftlichen Globalisierung, der Aktivitäten katholischer Geschäftsleute und Kapitalisten (Medici, Fugger oder auch Bardi und Peruzzi, die die Kriege Edwards III. von England finanzierten), katholischer Finanz- und Geschäftszentren wie Florenz und Venedig und – natürlich – der Reformation?

Martin Luthers »vocatio dei«

Im Mittelalter gab es nur eine einzige wahre »Berufung« oder »vocatio dei«: den geistlichen Ruf. Dieser Beruf war ein »geheiligter« und höher einzustufen als ein weltlicher Beruf. Da er selbst Mönch gewesen war, kannte Martin Luther (1483 – 1546) die Nöte um Einsamkeit und Isolation von der Familie und dem Leben »draußen«, die das Leben als Mönch mit sich bringt. Er wurde gewahr, daß die christlichen Tugenden eigentlich nur innerhalb der Welt mit ihren Institutionen Ehe, Staat und Beruf zur Entfaltung kommen. Seitdem er das klösterliche Leben als etwas Böses empfindet, kommt auch der Begriff »vocatio« oder »Berufung« in seinen Schriften immer mehr auf. Seine definitive Verwerfung des klösterlichen Lebens ist unter dem Titel De votis monasticis 1521 erschienen.[84] Das war der Ausgangspunkt für die auf 1. Kor. 7, 17 – 24 zurückgehende Theorie Luthers, daß jeder Mensch eine Berufung (vocatio) von Gott habe. Dies sei, solange er auf Erden weilt, sein Status, sein »Stand« vor Gott, zu dem das Individuum vom Himmel her berufen sei und wogegen zu rebellieren ein Verstoß sei. Anders ausgedrückt, jeder Mensch hat eine Berufung von Gott hinsichtlich seiner irdischen Pflichten. Das Leben zu Hause, das Verhältnis zwischen Eltern und Kindern, ist ebenso eine Berufung (vocatio) wie die täglichen Aufgaben am Arbeitsplatz und die Beziehungen zwischen Arbeitnehmern und -gebern. Luthers Auffassung war, daß jeder Beruf, jede Tagesbeschäftigung eine Berufung (vocatio) sei, die, sofern anständig ausgeführt, in sich selbst sowohl Gott als auch dem Menschen dienen solle (Kol. 3, 17 + 23; 1. Kor. 10, 31). Jeder Stand, in dem ein Mensch sich selbst in seinem Leben wiederfindet – sei es Examensvorbereitung, das Schreiben von Rechnungen, der Verkauf von Kleidungsstücken, das Feilschen um bessere Preise oder die Optimierung von Managementstrategien –, solle als Gottes Berufung angesehen werden. Jede Art von Betätigung stelle Verehrung und Dienst für Gott dar. Luther wörtlich:

Jeder soll ein solches Leben führen, von dem er weiß, daß es Gott wohlgefällt, wenn es auch gleich verachtet und gering sein soll. Ein Knecht, eine Magd, ein Vater, eine Mutter sein, das sind solche Lebensformen, die durchs göttliche Wort eingesetzt und geheiligt sind und Gott wohlgefallen.[85]

Luther war somit der erste Theologe des Mittelalters, der den Begriff der Berufung (vocatio), der bis dahin ausschließlich geistlichen Belangen vorbehalten gewesen war, nahm und ihn auf weltliche Tätigkeiten bezog. Auf diese Weise verlieh er seinem Leitgedanken Ausdruck, daß nicht nur kirchliche Würdenträger einen göttlichen Ruf hätten, sondern auch Bauern, Fürsten, Händler und auf jede mögliche andere Art aktive Menschen ihre Arbeit als eine Gabe und Berufung von Gott verstehen sollten.

In gewissem Sinne war die Unterscheidung zwischen dem weltlichen und dem geistlichen Leben komplett aufgehoben: Alle Menschen standen von nun an auf der gleichen Basis vor Gott. Obgleich Luther eine dauerhafte Abneigung gegen das Handeltreiben behielt,[86] bereitete seine »Vocatio dei«-Lehre der weiteren Entwicklung einer protestantischen Ethik für den Bereich Arbeit und Kapital den Weg.

Johannes Calvins protestantische Ethik von Arbeit und Kapital

Calvins historisches Umfeld

Im 14. und 15. Jahrhundert kreuzten sich bei Genf zwei Haupthandelsstraßen. Die eine führte, von Italien kommend, durch das

Wallis und über Genf nach Frankreich, die andere nahm in Süddeutschland ihren Anfang und ging über das Schweizer Mittelland und Genf nach Frankreich und Spanien. Seit dem 13. Jahrhundert war Genf somit zu einem wichtigen Standort für internationale Handelsmessen geworden. Im Jahre 1387 wurde der Stadt eine Ausnahme von dem kanonischen Verbot der Zinserhebung gewährt. Ein Unglück war es für die Stadt, daß König Ludwig XI. im Rahmen seiner protektionistischen Politik französischen Kaufleuten untersagte, nach Genf zu kommen. 1463 eröffneten die Franzosen die Lyoner Messe, die genau zur selben Zeit abgehalten wurde wie die in Genf. Gleichzeitig wählten mehr und mehr venezianische Handelsschiffe den sichereren und schnelleren Seeweg von Italien nach Holland und umgingen auf diese Weise die langsame und risikoreiche Überlandstrecke.

Als Calvin (1506 – 1564) 1536 nach Genf kam, war die wirtschaftliche Lage, die er vorfand, beklagenswert. Genf war damals mit deutlich über 10.000 Einwohnern die größte Stadt der Schweiz (zum Vergleich: Zürich hatte zusammen mit Winterthur zum selben Zeitpunkt nur 8.300 Einwohner). Gleichzeitig wurde Genf – gleich anderen protestantischen Städten der Schweiz wie Zürich und Basel – eine sichere Anlaufstelle für Flüchtlinge aus ganz Europa, die religiöse Freiheit erstrebten. Infolge dieses Zuwanderungsstroms war die Stadt gegen 1550 auf ihre doppelte Größe angewachsen. Die meisten Flüchtlinge waren Handwerker, die einfach ihre Werkzeuge genommen und sich auf den Weg gemacht hatten. Unter ihnen waren aber auch viele Händler und Kaufleute und sogar ein paar Adlige wie z.B. Pompeo Diodati, der zu einer von drei eng miteinander verbundenen adligen Kaufmannsfamilien gehörte, die 1562 dem Druck der Gegenreformation in Lucca/Italien gewichen waren.

Die Aufgabe, derart viele Leute zu ernähren, das Wirtschaftsleben der Stadt zu beleben, um ihren Fortbestand als Bastion religiöser Freiheit zu sichern und soziale Gerechtigkeit sowie eine bürgerliche Ordnung zu wahren, war beträchtlich. Und hierin war die Werkstatt zu sehen, in der Calvin sein theologisch-prag-matisches Konzept schmiedete. Für ihn war die wirkliche Welt etwas, das man ernst nehmen mußte, eine Welt, die sich in seiner Optik aus Schustern, Druckern und Uhrmachern, aus Bauern, Rittern, Gelehrten, Klerikern und Kaufleuten zusammensetzte.

Der Blick auf Genfs städtischen Charakter und die Vielschich-tigkeit der zu lösenden Probleme im sozialen, gewerblichen und kommerziellen Bereich zwang Calvin, sich mit praktischen Er-fordernissen auseinanderzusetzen, wie sie Kapital, Kredit- und Bankwesen, Großkommerz und -finanz, internationale Kon-takte, internationaler Handel und die vielen anderen Facetten des Geschäftslebens wie Beschäftigung, soziale Fürsorge und Lohn-wesen naturgemäß bedingen. So scheint seine Lehre sich in erster Linie, wenn auch nicht ausschließlich, an diejenigen Schichten zu richten, die in Handel und Industrie tätig waren. Da erscheint es fast logisch, daß sie im Nu Anhänger in so großen Geschäftszen-tren wie London, Amsterdam und Antwerpen gewann, wo eine mittelalterliche, römische Haltung zu Fragen des Fortschritts und des Kommerz schlicht unattraktiv war.

Calvins Lehre vom »Kapital«

Calvin brach mit der alten – sowohl kirchlichen als auch aristote-lischen – Tradition innerhalb der bestehenden Wirtschaftsord-nung, welche Zinsen auf Darlehen verbot. Er distanzierte sich damit von der alten griechischen Tradition, deren Ursprung bei Aristoteles lag und die von der Kirche durch Ambrosius und Chrysostomus übernommen wurde. Ihre eiserne Grundregel be-sagte: »Nummus nummum non parit« – »Geld kann nicht Geld hervorbringen.«[87] Calvin untersagte indes unverhältnismäßige Zinssätze und betrachtete jeden Zins, der gegenüber Armen und Bedürftigen erhoben wurde, als unverhältnismäßig. In seinen »Institutes« (III, 7,4 – 7) faßt Calvin seine Überlegungen zusam-men:

73

Die Schrift ... mahnt ... uns daran, daß uns alle Gnadengaben, die wir vom Herrn empfangen haben, mit der Bestimmung anvertraut sind, sie zum gemeinen Nutzen der Kirche anzuwenden! Der rechtmäßige Gebrauch aller dieser Gnadengaben besteht also darin, daß wir sie freimütig und gerne mit den anderen teilen![88]

Ohne Zweifel wurde diese Doktrin von der Verwalterschaft eine zentrale Komponente in Calvins Theorie vom Kapital. Kapital sollte erhalten oder (durch beständiges Arbeiten) vermehrt werden – zur größeren Ehre Gottes. Das normale Ergebnis muß, zumal sich hier protestantische Sparsamkeit mit einer positiven Einstellung zu harter Arbeit paart, die Akkumulation von Kapital sein.

Calvin versuchte auf diesem Wege, eine gewisse Selbstzufriedenheit unter den Wohlhabenden zu bekämpfen. Er lehrte, daß der Mensch nichts weiter sei als ein Verwalter der ihm von Gott anvertrauten Güter und Reichtümer. Für feudale Pracht und überdimensionalen Konsum blieb wenig Raum, wenn es darum ging, ein Kapital zusammenzubringen und dessen Besitz zu einem unspektakulären Sachverhalt zu machen. Es überrascht nicht, daß in der Folge in Genf und anderen europäischen Wirtschaftszentren wie Antwerpen oder London eine neue Generation potenter protestantischer Kauf- und Geschäftsleute aufkam, die ihr erworbenes Kapital von neuem investierten und Arbeit für die Menschen um sie herum schufen. Graham drückt es so aus: »Privatbesitz ist zum Einsatz für das Gemeinwohl der Gesellschaft bestimmt.«[89] Diese Einstellung stand nun im direkten Gegensatz zu dem alten katholischen Modell, wonach Begüterte an ihren Ländereien und Besitztümern festhielten und keineswegs Investitionen machten, um ihren Arbeitern ein Einkommen zu verschaffen, sondern zur Finanzierung von Kriegen, zur Unterstützung von Königen, zum Bau von Kathedralen und zur Förderung der Künste, womit sie ihre Namen unsterblich zu machen hofften.[90]

Ein späterer Massenexodus – zwischen 1560 und 1570 –, der der ersten Phase der Zerstreuung nach Genf, Zürich oder Straßburg folgte, ließ rund 100.000 Protestanten aus ihren Ländern strömen und vorrangig in bedeutende Handelszentren wie Frankfurt, Nürnberg, Aachen, Köln und Hamburg in Deutschland, London, Colchester und Norwich in England oder Leiden und Haarlem in Holland ziehen. Auf diese Weise entstand ein gesamteuropäisches Netzwerk, gebildet von einer calvinistischen Händlerelite. Sie alle fühlten sich vom Prinzip der Erwählung und dem neu aufkommenden Arbeitsethos geleitet und durch Erfahrungen wie die Existenz als Minderheit sowie die gemeinsam erlittene Entwurzelung verbunden. Welchen Beitrag leisteten diese neu hervorgekommenen protestantischen Kapitalisten und Geschäftsleute für die wirtschaftliche Entwicklung im Westen?

Arbeitsethik in der Geschichte

In der Antike hatte körperliche Arbeit kein hohes Ansehen. Die Griechen verachteten sie und betrachteten sie im Einklang mit römischen Denkern als unumgänglich, daher als etwas, das unfrei mache und folglich auf einer niedrigeren Stufe stehe als das mehr innerliche menschliche Geistesleben oder etwa eine politische Betätigung. Im AT ist der Kontext für die Arbeit durch das »Kulturmandat« gegeben: Die Menschheit ist nach dem Bilde Gottes geschaffen und aufgerufen, die von Gott erschaffene Welt zu kultivieren und sich um sie zu kümmern (1. Mose 1, 26 + 28; 9, 7). Auf die menschliche Arbeit wird daher ausdrücklich hingewiesen (1. Mose 4, 17 + 20 – 22; 9, 20). Gott selbst wird beschrieben als jemand, der schafft, formt, gestaltet und pflanzt, als jemand kurzum, der arbeitet. Erst mit dem Fluch wird Arbeit zu Schweiß und Mühsal degradiert (1. Mose 3, 17–19).

Das hält Jesus im NT freilich nicht davon ab, Gleichnisse aus der Domäne der täglichen Arbeit zu wählen, wodurch er ihr ein durchaus positives Siegel verleiht (Lukas 10, 7). Paulus verurteilt den Müßiggang (2. Thess. 3, 6) und ermahnt die Christen zu nutzbringender Betätigung (Eph. 4, 28). Die neue Natur, geschaffen nach Gottes Ebenbild, ist es, eine Arbeit zu verrichten (2. Thess. 3, 10). Augustinus (354 – 430) machte handwerkliche Arbeit zu einer strikten Regel innerhalb seiner Gemeinschaft und lobte Bauern, Handwerker und sogar Kaufleute. Benedikt von Nursia brachte im sechsten Jahrhundert Ordnung in das Leben der europäischen Mönche. Seine Hausregel stellt klar: »Müßiggang ist der Seele Feind. Demzufolge müssen die Brüder sich selbst zu festen Zeiten mit körperlicher Arbeit beschäftigen.«[91] Zu dieser Zeit wurde das Prinzip »Ora et labora« (»Bete und arbeite«) populär; es stand in hohem Ansehen und wurde weithin praktiziert.

Mit Thomas von Aquin (1224 – 1274) trat ein bedeutender Wechsel ein: Auf der Basis von Lukas 10, 42 wurde nun Marias vita contemplativa gegenüber der vita activa von Martha der Vorzug gegeben. Die Folge war, daß Arbeit wie Essen und Trinken moralisch neutral bewertet wurde. Das war der Ausgangspunkt dafür, daß das Betteln – als Gegenstück zum Arbeiten – zur Lösung für das Wanderleben der Franziskaner wurde. Die katholische Sittenlehre zu Arbeit und Berufstätigkeit wurde also von einer Tendenz bestimmt, die den geistlichen Wert von Arbeit und Handel zurückwies, was zur Folge hatte, daß Arbeit zu einer Art notwendigem Übel und für die Armen zu einer Buße für ihre Sünden abgewertet wurde (analog zu dem Fluch der Arbeit in 1. Mose 3, 17 – 19). Wie bereits gesehen, gab es in diesem Denken keinerlei Berufung außer der geistlichen und daher keinen Begriff von der Würde der Arbeit des einzelnen.

Calvin über »Arbeit«

Auf Luthers »vocatio dei« aufbauend, lehrte Calvin (unter Anführung von Psalm 127, 2), daß Arbeit nicht isoliert betrachtet werden solle, sondern vielmehr als eine der Gaben Gottes. Arbeit sei ein Zeichen der Gemeinschaft und Solidarität der Menschen unter Gott. Da der Mensch zur Erlangung des Heils nicht von Kirche, Priesterschaft oder irgend einer anderen Hilfe abhänge, sondern einzig und allein vom souveränen Erwählungswillen Gottes, stehe er als Individuum vor Gott. Er müsse daher »seine Erwählung herausarbeiten«, d.h. sein Heil, und dies in und mittels seiner Berufung (seiner alltäglichen Arbeit). Damit würde er Gott ehren. Nicht minder wichtig die hiermit einhergehende Schärfung des Sinns für die eigene Erwählung und Berufung. So gesehen, wurde jede Art wirtschaftlicher oder sozialer Betätigung ein Werkzeug »ad majorem gloriam Dei«, zur größeren Ehre Gottes. »Ob ihr nun eßt oder trinkt oder sonst etwas tut, tut alles zur Ehre Gottes!« (1. Kor. 10, 31)

»Arbeit« wird so zu einem Mittel, im Glauben, im Gehorsam und in der Berufung Gottes zu beharren. Die weltlich-berufliche Tätigkeit überträgt sich auf diese Weise in die Erprobung des Glaubens. Die Sphären des Säkularen und des Sakralen werden nicht länger auseinanderdividiert, sondern zusammengeführt. Die Tätigkeit oder Arbeit jedes einzelnen soll auf Gott hin getan werden und hat somit eine geistliche Dimension. Nicht Müßiggang und Vergnügen, sondern aktive Betätigung dient dazu, Gottes Willen zu entfalten und seinen Ruhm zu mehren. Daher muß Zeitvergeudung als Sünde ernst genommen werden.

Dies war im wesentlichen der Antrieb, der hinter Individualismus, Fleiß und Selbstdisziplin steckte, welche sich als stärkste Faktoren innerhalb der »protestantischen Arbeitsethik« wie auch im Verlauf der bevorstehenden Industrialisierung der protestantischen Länder erweisen sollten.

Die Puritaner

Die wahren Erben der protestantischen Geschäftsethik sind die Puritaner. Sie gehörten zu den tatkräftigsten Verfechtern der englischen Reformation und wollten das unter der Regierung von Henry III. (1509 – 1547) und Charles I. (1625 – 1649) begonnene Reformwerk vollenden. Sie glaubten daran, daß Gott die Menschen zu ihren Aufgaben berief. So wurde jede legitime Art von Arbeit zu einem Mittel, Gott zu dienen.

Max Weber zufolge wurde der Einfluß des Protestantismus oder westeuropäischen Calvinismus in Form des Pietismus, Methodismus sowie der Baptistenbewegung im 17. Jahrhundert bestimmt. Der Puritanismus vereinigte demgemäß Einflüsse aus den asketischen Bewegungen der Independentisten, Kongregationalisten, Baptisten, Mennoniten und Quäkern aus Holland, Deutschland und England in sich. Einige der führenden Gestalten nach dieser weitgefaßten Definition von Puritanismus waren: der holländische Reformator und Urvater der Mennoniten Menno Simons (1496 – 1561), die puritanischen Gründerväter William Ames (1576 – 1633), William Perkins (1558 – 1602) und Richard Baxter (1615 – 1691) – der wohl bedeutendste britische Theologe aller Zeiten –, der erste Quäker George Fox (1624 – 1691), die deutschen Gründerväter des Pietismus Philip Jakob Spener (1635 – 1705) und August Hermann Francke (1663 – 1727), die Begründer des Methodismus John (1703 – 1791) und Charles Wesley (1709 – 1788), George Whitefield (1714 – 1770) sowie der amerikanische Erneuerer Charles Finney (1792 – 1875).[92] »Laborare est orare« (»arbeiten ist beten«) – die alte Maxime wurde von den puritanischen Moralisten aufgenommen, und sie gaben ihr einen neuen, tieferen Sinn. Arbeit ist in dieser idealistischen Sicht nicht einfach nur eine von der Natur auferlegte Notwendigkeit, noch Strafe für Adams Sünde. Sie ist vielmehr selbst eine Art asketische Übung, auferlegt durch den Willen Gottes. Sie ist nicht bloßes Wirtschaftsmittel, das man beiseitelegt, wenn die körperlichen Bedürfnisse gestillt sind. Sie erfüllt einen geistlichen Zweck, denn in ihr allein könne die Seele Gesundheit finden, und sie müsse als ethische Pflicht fortgeführt werden, auch wenn sie längst aufgehört hat, eine materielle Notwendigkeit zu sein. So wird treue und disziplinierte Arbeit zur Pflicht für den einzelnen, und es überrascht nicht, daß gottesfürchtige Disziplin tatsächlich zum »eigentlichen Fundament des puritanischen Bundes« wurde.[93]

Der Begriff »Disziplin« deckte alle Fragen moralischen Verhaltens ab, von dem das wirtschaftliche Verhalten natürlich ein Teil war. Zusätzlich kam ein starker Individualismus auf (wie wir ihn aus Calvins Arbeitsethik kennen), der für die Geschäftswelt wie geschaffen war – womit ein weiteres typisches Merkmal des Puritanismus benannt wäre.[94]

In seinem christlichen Verhaltenskodex schrieb Baxter: »Sei ganz und gar dem fleißigen Geschäft deiner rechtmäßigen Berufung hingegeben, wenn du im unmittelbareren Dienst für Gott nicht geübt bist.«[95] Die Tugenden, die Christen auszeichnen sollen – Fleiß, Mäßigkeit, Nüchternheit, Sparsamkeit –, sind die für kommerziellen Erfolg absolut dienlichsten Eigenschaften. In seiner Charakterisierung eines »wahrhaft gottesfürchtigen Dieners« spricht Baxter die Erwartung aus, daß er »allen Dienst im Gehorsam gegen Gott« ausüben werde und so, »als hätte Gott selbst ihn geheißen, ihn zu tun.«[96]

Darüber hinaus war es, wenn schon nicht frei von geistlichen Gefahren, so doch nicht nur eine Gefahr, Geld zu machen, sondern auch eine durchaus positive Tätigkeit, die zur größeren Ehre Gottes ausgeführt werden durfte und sollte! Für die Puritaner war Wohlstand nicht selten das logische Resultat eines »Lebens in Gottesfurcht«, eines frommen Lebenswandels, zu dem Fleiß und puritanische Genügsamkeit unbedingt und ungeteilt dazugehörten und der unweigerlich zu Wohlstand führen mußte. Erfolg im Geschäft war per se schon fast ein untrügliches Zeichen für geistliche Gnade, denn er bewies, daß ein Mensch treu in seinem Beruf, seiner Berufung, gearbeitet und daß Gott seinen Erwerb gesegnet hatte. Für die Puritaner war Wohlstand dennoch nicht zum Vergnügen da, sondern als etwas, das es produktiv fürs Geschäft zu nutzen galt, um Einkommen und Kapital zu vermehren. Ist es zuviel gesagt, daß dieser puritanische Zugang zum Leben in seiner ganzen Fülle, ihre Spiritualisierung jedes seiner Aspekte und Motive und ihre wirtschaftliche Betätigung an sich eine gewaltige Arbeitskraft mit in Gang gebracht und eine starke Quelle für sich selbst vermehrendes Kapital offengelegt haben, deren Ströme in die industrielle Revolution einflossen?

Die Thesen Max Webers

Max Weber (1864 – 1920) zieht die grundlegenden Motive und aufkommenden Auswirkungen von Luthers »Vocatio dei«-Lehre, Calvins protestantischer Ethik zu den Bereichen Arbeit und Kapital sowie der Geschäftsethik der Puritaner zusammen und versieht sie mit dem Etikett der »innerweltlichen Askese.«[97] Weber war der erste, der eine Verbindungslinie zwischen dem Emporstreben der protestantischen Christenheit und der Entwicklung einer neuen Form wirtschaftlicher Organisation namens »Kapitalismus« ausmachte, ein Zusammenhang, der heute weitgehend anerkannt ist. Die Änderung in der Wahrnehmung der Welt, die die protestantische Christenheit begleitete, förderte harte Arbeit, Fleiß, das Bewußtwerden einer Berufung (daß Menschen Gott in ihrer alltäglichen Arbeit dienen konnten), die Tugend des Sparens und den umsichtigen Umgang mit Gaben und Mitteln (Kapital). Diese Art Tugenden standen im radikalen Gegensatz zur katholischen Auffassung der Askese. Weber argumentierte, dies seien die Charaktereigenschaften gewesen, die das

Fundament fürs Geschäfte- und Profitmachen gelegt und Ländern, wo der Katholizismus verdrängt worden war, zu einem enormen Wachstum verholfen hätten. So zeigt Weber beispielsweise, daß die »innerweltliche Askese« der Quäker in England und den USA eine wichtige Rolle spielte; dasselbe gilt für die Mennoniten in Deutschland und Holland. Die Nordstaaten der USA verdanken ihre Gründung hauptsächlich Puritanern (Predigern, Händlern und Bauerngutsbesitzern), die aus religiösen Gründen ausgewandert waren. Die Südstaaten hingegen, von Kapitalisten aus reinem Geschäftsinteresse gegründet, waren weiter zurück und im Verhältnis zum Norden weniger entwickelt.

Friedrich Wilhem I. gestattete den Mennoniten, in Ostpreußen zu bleiben und den Militärdienst zu verweigern, weil sie für den industriellen Fortbestand der Gegend unverzichtbar waren. Was Holland betrifft, so zitiert Weber Sir William Petty, der erklärte, daß die holländische Wirtschaftskraft des 17. Jahrhunderts hauptsächlich von den Calvinisten und Baptisten herrühre, die Arbeit und Fleiß im Geschäft als ihre Pflicht gegen Gott sähen.[98] Unter den protestantischen Hugenotten in Frankreich findet Weber eine beträchtliche Zahl von Bekehrten innerhalb der Schicht der Kaufleute und Händler.[99] Schon bei den katholisch geprägten Spaniern ging der Spruch um, daß »die Ketzerei« (gemeint war der niederländische Calvinismus) »den Handelsgeist fördere.«[100] Tawney berichtet, daß die Mehrzahl der politisch und wirtschaftlich führenden Köpfe, die Londons Wandel zur weltweit führenden Geldmetropole des 18. und 19. Jahrhunderts mit herbeiführten, fromme Puritaner waren, die sich vom Beispiel und vom Kapital der holländischen Protestanten inspirieren ließen.[101]

Die berühmte Barclay's Bank ist dafür bekannt, daß sie ihren Namen der angesehenen Quäker-Familie gleichen Namens verdankt. In seinem kürzlich erschienenen Buch[102] geht Werner Lachmann, Professor für Wirtschaftswissenschaften, auf den österreichischen Wissenschaftler Millendorfer ein, der neben anderen auf der Grundlage statistischer Erhebungen eine Studie zu den Wechselbeziehungen zwischen Religion und Wirtschaftswachstum erarbeitet hat. Er zieht darin dieselben Schlüsse wie Weber: »daß die religiöse Landkarte auch der Landkarte des materiellen Wohlstands entspricht. Insbesondere sind protestantische Länder wohlhabender als solche Gebiete, die von der Reformation nicht so stark erfaßt wurden.«[103] Lachmann geht sogar so weit, zu behaupten, daß es ein Vorteil für die wirschaftliche Entwicklung des protestantischen Nordens gewesen sei, daß Spanien, Portugal und Italien die Juden aus ihren Gebieten vertrieben hätten. Er verweist auf das Beispiel von Nord- und Südamerika. Im Zeitalter der Entdeckungen durch die Spanier und Portugiesen hatte Südamerika gegenüber dem Nordkontinent Vorteile, die eine wesentlich günstigere wirschaftliche Entwicklung erwarten ließen (Reichtum, natürliche Ressourcen und mächtige, zentral organisierte Eroberer). Trotzdem hat der Norden den Süden hinsichtlich der sozioökonomischen Entwicklung mehrfach überrundet, wie heute jeder zugeben wird. Dem Norden habe die angelsächsische, protestantische und puritanische Kultur ihren eigentümlichen Stempel aufgedrückt, dem Süden die katholische. Max Webers Versuch eines Nachweises, daß der moderne Kapitalismus eine natürliche Folge calvinistisch-puritanischer Arbeitsethik gewesen sei, sollte insgesamt jedoch nicht ohne weiteres wie selbstverständlich hingenommen werden. Seit der Jahrhundertwende hat er eine beachtliche Kontroverse ausgelöst. Hunderte von Büchern und Artikeln in vielen verschiedenen Sprachen sind seither sowohl von Befürwortern seiner Arbeit wie von Gegnern, die auf deren Schwächen hinweisen, geschrieben worden.[104] Es würde allerdings den Rahmen der vorliegenden Untersuchung sprengen, diese Wirkungsgeschichte näher zu beleuchten. Mit Blick auf die Zielrichtung dieses Buches sei mit dem Hinweis Genüge getan, welche Wirkung das Evangelium auf eine ganze Gesellschaft in ihren diversifizierten Sozialstrukturen bis hin auf den Marktplatz gehabt hat – und noch heute haben kann. Als nur wenige Tage vor dem Zusammenbruch der Sowjetunion eine amerikanische Gesandtschaft evangelikaler Führungspersönlichkeiten mit Vertretern aus Staat und Partei, darunter Parteichef Michail Gorbatschow, Konstantin Lubenschenko, Vorsitzender des Obersten Sowjet, und General Nikolai Stoljarow, stellvertretender KGB-Stabschef, zusammentraf, bekannten alle diese Staatsmänner, hinter dem Zusammenbruch ihres Riesenreichs hätten letztendlich weder politische noch soziale noch wirtschaftliche Ursachen gesteckt, sondern geistliche![105] Damit bestätigten sie in einem gewissen Grade die Thesen von Max Weber. Nicht-reformierte Kulturen und Gesellschaften oder Gesellschaften, auf die das Evangelium keinen Einfluß genommen hat, sind zum politischen, sozialen und wirtschaftlichen Verfall verurteilt. S. Dex' Zusammenfassung im New Dictionary of Christian Ethics and Pastoral Theology (»Neues Wörterbuch für christliche Ethik und pastorale Theologie«) mag abschließend als eine Art Fazit dienen:

Gleichwohl herrscht insgesamt Übereinstimmung darüber, daß die protestantische Christenheit zum gewaltigen Wirtschaftswachstum unter dem Kapitalismus der nachfolgenden Jahrhunderte beigetragen hat.[106]

Diese kleine Reise durch die historische und theologische Entwicklung einer Ethik in Handel und Geschäft leitet nunmehr das letzte Kapitel ein, das die Gültigkeit von Handelsverkehr und Geschäften als Träger, als Motor für moderne Mission unter die Lupe nimmt. Es soll der Versuch unternommen werden, Schlüsse zu ziehen, Anwendungen vorzuschlagen, auf Vorkehrungen hinzuweisen sowie Regeln und Empfehlungen zu formulieren.

Bibliographie (Auswahl)

Atkinson, David J. und Field, David H., (Hrsg.), New Dictionary of Christian Ethics and Pastoral Theology (Leicester: Inter-Varsity Press, 1995).

Geiger, Max, Calvin, Calvinismus, Kapitalismus (Basel und Stuttgart: Verlag Helbing & Lichtenhahn, 1969).

Graham, Fred, John Calvin, The Constructive Revolutionary (Richmond: John Knox Press, 1971).

Hamman, Adalbert, Die ersten Christen (Stuttgart: Philipp Reclam Jun., 1987).

Lachmann, Werner, Wirtschaft und Ethik (Neuhausen: Hänssler, 1987).

Pettegree, Andrew und Duke, Alastair und Lewis, Gillian, (Hrsg.), Calvinism in Europe, 1540–1620 (Cambridge: University Press, 1994).

Tawney, R., Religion and the Rise of Capitalism (West Drayton: Penguin Books, 1938).

Weber, Max, Die Protestantische Ethik I (Gütersloh: Gütersloher Verlagshaus, 1991).

Wingren, Gustav, Luthers Lehre vom Beruf (München: Chr. Kaiser Verlag, 1952).

5. Kapitel: Businesspower für Gottes Ziele heute?

»Ganzheitlicher« Lebensstil

Wenn wir die christlichen Händler, Kauf- und Geschäftsleute betrachten, die in den Kapiteln zwei und drei[107] vorgestellt wurden, und sie mit dem im vierten Kapitel theologisch-ethischen Grundgerüst aktualisieren, scheint es möglich, Antworten auf Fragen der folgenden Art zu bekommen: »Wie haben die das gemacht? Wie breiteten sie den christlichen Glauben aus? Wie erhielten sie einen rechtschaffenen Lebensstil aufrecht und übten Einfluß auf die verdorbene und verführerische Welt um sie herum aus?« Sind die Antworten, die sie in ihrer Zeit gefunden haben, heute noch relevant? Gibt es Regeln, die auf unsere zeitgenössische, durch Säkularisierung und Pluralismus geprägte Welt anwendbar sind? Und können die im bisherigen Gang der Untersuchung ermittelten Prinzipien im globalen, multikulturellen und synkretistischen Wesen der Geschäftswelt unserer Tage überhaupt noch bestehen?

Dieses Kapitel nun will zehn Charakteristika und Grundsätze herausarbeiten, die aus den zuvor behandelten historischen Fallbeispielen abgeleitet werden können. Sie scheinen sich wie ein Leitfaden durch die Jahrhunderte zu ziehen, die wir beleuchtet haben, und daher höchst empfehlenswert für christliche Geschäftsleute unserer Tage zu sein, denen es ein Anliegen ist, ihre Geschäfte so zu führen, daß damit Gottes Zielen in den schwer zugänglichen Ländern gedient ist.

Herausforderung Nummer 1:
Ein geistliches Geschäftsverständnis oder:
Keine Trennung von Sakralem und Säkularem

1732 folgten den ersten Herrnhuter Missionaren rasch andere, die danach strebten, sich durch »säkulare« Beschäftigungen selbst zu versorgen. Dabei ist zweifelhaft, ob ein guter Herrnhuter, insbesondere zu jener Zeit, überhaupt irgend etwas in Gottes Schöpfung als »säkular« aufgefaßt hätte. Danker erläutert:

Die Kraft des Christseins sollte alle Lebensbereiche ausfüllen, denn diese sollen nicht im Gegensatz zueinander stehen. Das Ziel der Herrnhuter Missionare ist es, den einzelnen Christen zur Heiligung aller Lebensbereiche zu führen. Deshalb ist es für sie nichts Befremdliches, Missionar und Geschäftsmann zugleich zu sein.[108]

Diese Vision der Einheit ermöglichte es 1848 dem Herrnhuter Missions-Administrator, die Unterscheidung zwischen Kaufmann und Missionar eindeutig aufzuheben, als er als bevollmächtigter Manager einer Handelsgesellschaft in Surinam in das Verzeichnis von »Sworn Clerks« (»vereidigte Angestellte«) aufgenommen wurde. Analog zeigt die Basler Mission das Bestreben, die missionarische Natur ihrer Aufgabe Seite an Seite mit deren industriellen und kaufmännischen Aspekten zu betonen; eine Unterscheidung zwischen dem Säkularen und dem Sakralen, dem Materiellen und dem Spirituellen, konnte man nur als unbiblisch zurückweisen. Die Verwaltung in Basel beharrte auf dieser Ablehnung und verwies nachdrücklich darauf, daß derjenige, der geistlich sei, mit dem Geist Gottes gefüllt sei, unabhängig davon, um welche Branche der Arbeit Gottes es sich handele.[109] Die Verbindung zwischen Geschäft und Mission war der Industrie-Kommission das wichtigste. Es konnte keine Trennlinie zwischen der Proklamation des Wortes und dem Dienst durch Handel und Geschäft gezogen werden – dies war eine historisch erwiesene Tatsache. Die Wirkung des christlichen Lebens sollte ganzheitlich sein, sollte alle Sphären des Lebens umfassen, Kommerz eingeschlossen. Eine Studie von Don Hamilton über von mehr als 400 Zeltmacher-Missionare bestätigte genau dieses Prinzip als richtig.[110] Das ganze Leben ist des Herrn;[111] wir sind Christen, und Gott kann uns gebrauchen, wie auch immer unsere Beschäftigung aussehen mag.[112] Oder – so der Gedankengang eines Zeltmachers -:«Ich kam an den Punkt, wo meine Arbeit für einen bedeutsamen Dienst kein Hindernis war. Ich stellte fest, daß mein weltlicher Beruf selbst Dienst war. So was wie einen Teilzeitchristen gibt es nicht.«[113] Die islamische Weltsicht impliziert interessanterweise ebenfalls ein solches ganzheitliches Konzept, das jeden Aspekt des Lebens, selbstverständlich auch die Arbeit, einschließt. Durch das Bekenntnis zur Einheit und Einzigkeit Allahs (tauhid)[114] wird jeder Aspekt menschlicher Betätigung zu einem Akt der Verehrung Gottes. Der wahre Moslem, also eine Person, die Gott völlig ergeben oder unterworfen ist, betrachtet sich selbst als Allahs Repräsentant auf Erden und lebt demgemäß ganz im Dienst für ihn.[115]

Ein anderes Beispiel liefert das Volk der Mampursi, ein animistischer Stamm, der im Norden von Ghana zu Hause ist. Ein Missionar, der in dieser Region arbeitet, bemerkte, daß sie keinerlei Unterschied zwischen ihren Seelen und ihren Leibern machen. Mit anderen Worten, nichts ist entweder geistig oder körperlich – alles ist beides.[116] Es ist von daher erfrischend, zeitgenössische christliche Gesellschaften wie z.B. Angel Textiles an der Arbeit zu sehen, die im Rahmen ihrer missionarischen Vision erfolgreich Geschäfte tätigen. Sie haben erkannt, daß Mission nicht nur die Angelegenheit von Missionswerken ist, sondern daß sie alles umfaßt, was christliche Geschäftsleute tun, soweit dies das Reich Gottes voranbringt.[117] Diese Geschäftsleute verstehen ihren Beruf als etwas, das von Gott kommt, und zwar mit dem Ziel, ihm zu dienen und ihm die Ehre zu geben. Für sie gibt es schlicht keinen Unterschied zwischen dem Sakralen und dem Säkularen. Ihr ganzes Vorhaben ist geistlicher Art, da sie ja zur Arbeit zu Gottes Ehre berufen sind – ein Ziel, das einmal mehr den Ausspruch des britischen Theologen Michael Griffiths ins Gedächtnis ruft, der an seine Leser appelliert, »die unbiblische Unterscheidung zwischen geistlichem Beruf und Laienstand zum Einsturz zu bringen.«[118] Durch die ganze Christenheit hindurch zieht sich ein dringendes Erfordernis: das einer zweiten Reformation, einer Wiederentdeckung von Luthers vocatio dei in der Geschäftswelt und den in ihr tätigen Menschen sowie einer Wiederentdeckung von Calvins ad majorem gloriam Dei in jeder geschäftlichen Aktivität! »Was ihr auch tut, arbeitet von Herzen als dem Herrn . . .; ihr dient dem Herrn Christus« (Kol. 3, 23 – 24).

Ermächtigt durch eine derartige Vision, könnten Tausende von christlichen Geschäftsleuten wieder anfangen, sich als wertvolle und gottesfürchtige »Veränderungsträger« zu sehen, berufen von Gott, eine dauerhafte Wirkung zu haben überall, wo gehandelt wird. In die Praxis umgesetzt, könnte dies die ganze Welt verändern!

Herausforderung Nummer 2: Fleiß und Disziplin

Ob man die Herrnhuter Kaufleute des 18. Jahrhunderts oder die Basler Handels-Missionare ein Jahrhundert später nimmt, immer sticht ihre Fähigkeit ins Auge, »ein Beispiel für christlichen Fleiß« zu geben.[119] Von ihren christlichen Neigungen bestimmt, war ihr berufliches Ansinnen nicht der bloße Gelderwerb oder der Erwerb der damit einhergehenden oberflächlichen Vorteile, sondern es ging ihnen darum, sich ganz persönlich der christlich-moralischen Erbauung der örtlichen Bevölkerung zu widmen, in der Hoffnung, daß Ungläubige sich in jeder Hinsicht christlicher Praxis und Disziplin unterwerfen würden.

Ganz offenbar spiegelt sich hier, als Erbe vergangener Jahrhunderte, die typisch protestantische bzw. puritanische Arbeitsethik wider. Sie waren »im Fleiß nicht säumig, brennend im Geist; dem Herrn dienend« (Röm. 12, 11). Sie waren geschäftstüchtig (Sprüche 22, 29), gingen rational an die Umsetzung ihrer Berufung heran und waren sehr selbstdiszipliniert. Die Bibel ruft jedermann auf, tüchtig zu arbeiten und Faulheit zu vermeiden (1. Thess. 4, 11f., 2. Thess. 3, 7ff.). Die Sprüche Salomos ermahnen die Menschen, ein diszipliniertes und kluges Leben anzustreben (»Zucht mit Einsicht« Sprüche 1, 3).

Fleiß und Disziplin bei der Arbeit trägt dem Arbeiter das Recht ein, gehört zu werden![120] Auch sorgen solche Arbeiter dafür, daß die moralische Meßlatte etwas höher gehängt wird, eine Folge des Motivationspotentials zugrunde liegender religiöser Überzeugungen. Das Ergebnis kann man an materiellen Erfolgen ablesen, da Gott harte Arbeit mit guten Erträgen segnet (vgl. »die tüchtige Frau« in Sprüche 31). Andererseits kann sie auch das moralische Urteil über eine verdorbene Gesellschaft sprechen, indem z.B. die Leute nun allmählich merken, daß ein unzuverlässiger Arbeiter, der zu spät kommt, Zeit mit Plauderei, nachlässiger Arbeit, langen Pausen oder Tagträumerei vergeudet, ein Dieb ist, einer Sünde gegen Gott, seinem Arbeitgeber in letzter Instanz, schuldig (siehe 2. Thess. 3, 11 – 12).

Indem sie diszipliniert und fleißig bei der Arbeit sind, können christliche Geschäftsleute noch heute eine tiefe Wirkung auf die Gesellschaft um sie herum bzw. in Kulturen haben, wo diese Tugenden nicht durch entsprechend zugrunde liegende religiöse Motive hervorgebracht werden.

Herausforderung Nummer 3: Ehrlichkeit

Die Herrnhuter Brüder waren »in Geldangelegenheiten immer peinlich genau; und deshalb standen sie von Beginn an bei Geschäftsleuten in hohem Ansehen.«[121] In Surinam, wo Herrnhuter Geschäftsleute als ehrliche Menschen auffielen und von den ansonsten weit verbreiteten Verdächtigungen gegen Kaufleute ausgenommen waren, war diese Tatsache natürlich bestens bekannt. Sie verdienten sich ihren Ruf bei den amtlichen Stellen wie etwa aus folgendem Anlaß: Als sie feststellten, daß eine spezielle Lizenz von den Behörden verlangt wurde, aber niemand sich darüber den Kopf zerbrach, gingen die Herrnhuter dennoch zum Gouverneur und bekamen sie. Ein charakteristisches Beispiel für redliche Geschäftspraxis war die Gesellschaft von Abraham Dürninger, die exakt regulierte, wieviel Gewinn ihre Vertreter einnehmen sollten. Wurden Abweichungen notiert, korrigierte man diese sofort. So führten die Herrnhuter vor über 250 Jahren an vielen verschiedenen Orten weltweit (Danker bezieht sich sogar auf die Herrnhuter Geschäfte in Grönland) Händlern wie Bevölkerung umfassend ein lebendes Beispiel für redliche Geschäftsmethoden vor. Überdies beeinflußten sie sich im Wettbewerb der Geschäftsleute untereinander und durch ihr Beispiel auch andere Händler, die Leute fairer zu behandeln.[122] Ganz ähnlich konnte man den ersten Kaufmann-Missionar, der von der Basler Mission 1853 nach Mangalore/Indien ausgesandt worden war, als ein erfolgreiches Muster christlicher Redlichkeit betrachten. Er war dafür bekannt, daß er nur »eine Rede« hatte; ein Kind konnte Waren für genau denselben Preis erstehen wie eine erwachsene Frau. Über Jahre hinweg vertraute die Regierung von Madras den Druck von Regierungsuntersuchungen der Missionsdruckerei in Mangalore an. Nur sie konnte gewährleisten, daß Geheimnisse niemals durchsickern würden, wie es wohl zwangsläufig der Fall gewesen wäre, wenn einheimische Drucker die Arbeit übernommen hätten. Hier kam das biblische Gebot zur Anwendung, daß der Gottesfürchtige »gerechte Waage, gerechte Gewichtsteine, gerechtes Efa und gerechtes Hin« verwenden solle (3. Mose 19, 36). Durch solche Ehrbarkeit düngten diese missionarisch gesinnten Kauf- und Geschäftsleute das Feld ihrer späteren geschäftlichen Aktionen. Predigen allein hätte angesichts korrupter und prinzipienloser kommerzieller Praktiken keinen Erfolg gebracht.[123] Einer der Väter des modernen Zeltmachertums, Christy Wilson,[124] befand, wenn jemand sich in einer korrupten Gesellschaft der Bestechung verweigere, könne das ein außerordentlich wirksames Zeugnis von christlicher Redlichkeit sein, deren es überall auf der Welt so dringend bedürfe![125] Heutzutage ist Korruption längst auch ein Phänomen der westlichen Welt geworden. »Ehrlichkeit« und »Integrität«, diese alten protestantischen Werte, sind bei uns im Zeitalter der Postmoderne[126] keine Markenzeichen von Politikern und Wirtschaftsfunktionären mehr, vom Rest der Welt ganz zu schweigen. Die Redlichkeit, die z.B. die Gesellschaft AT auszeichnet hat, hat im asiatischen Stammland des Unternehmens einen hohen Stellenwert. Ihr Umfeld ist von der grassierenden Korruption extrem geplagt und deshalb ist die Gesellschaft AT zu beachtlichem Ansehen gekommen.[127]

In derart finsterer Umgebung zu leben und dazu redlich sein Geschäft zu betreiben ist keineswegs eine leichte Aufgabe; doch Gott verheißt denjenigen, die recht handeln, seinen Segen und seine Hilfe. »Vollen und gerechten Gewichtstein sollst du haben, und volles und gerechtes Efa sollst du haben, damit deine Tage lange währen . . .« (5. Mose 25, 15f.); oder: »Wer redlich lebt, findet Hilfe; wer aber krumme Wege geht, wird auf einem davon fallen« (Sprüche 28, 18; vgl. 10, 9). Christliche Geschäftsleute, die bei ihren Geschäften Redlichkeit an den Tag legen, setzen kraft ihres guten Beispiels ein hervorragendes und weithin sichtbares Zeichen für den Herrn.

Herausforderung Nummer 4: Feste und faire Preise

Das Herrnhuter Unternehmen Dürninger & Co. (gegründet 1747) war möglicherweise die erste Gesellschaft Europas, die mit festen Preisen arbeitete. Spekulationen auf Kosten der Kunden waren nicht die übliche Praxis dieser frommen Kaufleute, auch wenn sie sonst recht kühne Geschäftsleute waren.[128] Die Basler Kaufleute in Indien verkauften ihre Güter ebenfalls zu Festpreisen. Die Druckerei in Mangalore behielt ihren fairen Preis bei und konnte sich im Erfolg sonnen.[129] Den Herrnhutern war es streng untersagt, Waren auf Kredit zu liefern, da die Brüder ja versuchen sollten, durch ihre niedrigen Preise Kunden anzuziehen. Manchmal wurden den Brüdern die vielfältigsten Arten von Waren und Kleidungsstücken geschickt, die es ihnen gestatteten, ihre Kunden so billig, so gut und so angenehm wie nur irgend möglich zu versorgen. Ganz im Gegensatz zu den meisten anderen Ladeninhabern war ihnen das Bedürfnis, sich auf Kosten der Bevölkerung zu bereichern, fremd.

Gott will, daß Christen im allgemeinen und in der Geschäftswelt im besonderen tun, was »Gerechtigkeit, Recht und Aufrichtigkeit« (Sprüche 1, 3) verlangen. Feste und faire Preise müssen im Zusammenhang mit Habgier und Korruption gesehen werden. Es kann kein Zweifel bestehen, daß christliche Geschäftsunternehmungen Gewinn bringen müssen; die Schrift legt dem auch keine Steine in den Weg (Sprüche 3, 9 – 10; 14, 23; 21, 5; Pred. 11, 6). Doch schließt dies durch Gier bestimmte und unehrliche Methoden keinesfalls mit ein (Sprüche 20, 10; Lukas 12, 16 – 21) – etwa künstlich herbeigeführte Preisexplosionen, die nur das Ziel haben, maximale Gewinne aus den Konsumenten herauszuquetschen[130] –, ein Kontrast zur gängigen Praxis der Profitmaximierung![131]

Es wäre daher ein höchst willkommenes Markenzeichen christlicher Unternehmen, wenn Handel zu klar festgelegten und fairen Preisen betrieben und christliche Wirtschaftsprinzipien beibehalten würden. Ein positiver Nebeneffekt wären auch, wie es schon Danker anspricht, die Vorteile, in deren Genuß Einheimische durch derartig faire Geschäftspraktiken kämen.[132] In dieser unserer Zeit würde eine solche Haltung auf die Gesellschaft ganz besonders Eindruck machen und Produzenten wie Konsumenten weltweit höhere Werte und göttliche Güte vor Augen führen und auf diese Weise einmal mehr eine große Wirkung für das Reich Gottes erzielen.[133]

Herausforderung Nummer 5:
»Qualität« als Markenzeichen

Ein anderer positiver und sichtbarer Charakterzug innerhalb einer korrupten Gesellschaft ist die Aufrechterhaltung und Betonung »guter Qualität« bezüglich einer Arbeit oder eines Produkts. Von Anfang an war dies einer der Grundsätze der Herrnhuter Geschäfte. Ganz unwillkürlich genoß das Herrnhuter Personal bei der Öffentlichkeit Wertschätzung, weil sie in dem Ruf standen, Qualitätswaren zu verkaufen.[134] Der Herrnhuter Geschäftsmann par excellence, Abraham Dürninger, stand in ständigem Kontakt zum Inspektor des Hofes von Sachsen, wo er für die Qualität seiner Produkte berühmt wurde. Auch ein deutscher Plantagenverwalter auf der Karibikinsel Berbice[135] hörte von der guten Qualität der Herrnhuter Pflanzen und erbat sich deshalb Vorräte von ihnen.

Und die Druckerpresse der Basler Mission im indischen Mangalore wurde 1873 von der Madras Mail offiziell als diejenige benannt, die »die beste Qualitätsarbeit in der ganzen Region Madras« leiste.[136] Ein Teil ihres eindrucksvollen christlichen Zeugnisses war dieser erstklassigen Produktion zu verdanken. Interessant zu sehen ist, daß Produkte, die aus der Arbeit von disziplinierten und fleißigen Händen hervorgehen, im Nu von der gesamten Öffentlichkeit erkannt werden. So erwerben Arbeit (V. 13; 19) und Erzeugnisse (V. 22; 24) der tugendhaften Frau im 31. Kapitel der Sprüche Salomos ihr öffentliche Anerkennung: »Ihr Mann ist bekannt in den Toren« (V. 23), und »in den Toren sollen ihre Werke sie rühmen« (V. 31b). Mit anderen Worten, »Qualität« erscheint als ein weiteres Charakteristikum christlicher Geschäftsethik. Sollte das nicht selbstverständlich sein – als Nebenprodukt der protestantischen Arbeitsethik? Sorgsam hergestellte Erzeugnisse und Handelswaren gaben den Basler Missionaren Gelegenheit, anderen die Qualität ihres Dienstes, ihrer

Arbeit und ihrer Integrität zu demonstrieren, nicht zu vergessen die Freude, die ihnen eine produktive Arbeit bereitete, die – im besten und höchsten Sinne – nicht von der Ethik der Griechen oder Römer bestimmt war, sondern von den Gaben des Neuen Testaments. Da verwundert es nicht weiter, daß selbst in unseren Tagen Dr. Jay Likins in seinen Seminaren für Zeltmachermissionare[137] den Aspekt der Produktqualität als entscheidenden Garanten des Erfolgs hervorhebt.

Gereicht es nicht zur Ehre Gottes, wenn man diese signifikante Tradition der Versorgung mit hochwertigen Produkten aufrechterhält und so der ganzen Welt einen der Wesenszüge Gottes offenbart, der alles »sehr gut« (1. Mose 1, 31) und zu seiner »Ehre« (1. Kor. 10, 31) gemacht hat?

Herausforderung Nummer 6:
Hohe Qualifikation im Beruf

Elias Schrenk (1831 – 1913), einer der berühmten deutschen Pioniere, die mit der Basler Mission an der Goldküste tätig waren, schrieb, daß beide Werkstätten innerhalb des Projekts, die Zimmerei und die Schlosserei, Spitzenklasse produzierten. Ferner wurden dort viele einheimische Christen ausgebildet, die wiederum die ganze Westküste entlang, von Sierra Leone bis Fernandopo, Ruhm erlangten. Die christliche Handwerkergilde wuchs zu bedeutendem Rang innerhalb des sozialen Gefüges.[138] Danker würdigt völlig zu Recht die Vision der Basler Handelsgesellschaft, ihre Missionare zu »Vorzeigechristen« auszubilden, die als Zeugen im Wirtschaftsleben stehen konnten.[139]

Die Herrnhuter Händler und Facharbeiter waren auch dafür berühmt, wie gut sie ihr Handwerk verstanden. Und da sie sich also zu Meistern ihres Fachs entwickelten, erreichten sie einen noch höheren Rang, als sie vielleicht schon angestrebt hatten.[140] Das machte ihr christliches Zeugnis natürlich nur um so glaubwürdiger. Gute Qualifikation ist für einen wirksamen Dienst eine wesentliche Voraussetzung, denn sie erwirbt einem das Recht, angehört zu werden. In Hamiltons Bericht finden wir folgende Punkte:

Seine Arbeit gut zu machen ist an und für sich schon ein Zeugnis und führt oft zu besseren Gelegenheiten, das Evangelium mitzuteilen. – Wer Respekt verlangt, sollte gute Arbeit leisten und von anderen als kompetent erkannt werden.

Ich kannte einige, die ihrem Beruf nicht sehr hingegeben waren. Sie meinten, ihre Arbeit sei nur ein Weg, um auf das Missionsfeld zu kommen, ihrem »eigentlichen Geschäft«, Zeugen Christi zu sein, untergeordnet. Doch ihr christliches Zeugnis fiel infolge ihrer unangemessenen, inkompetenten Arbeit bescheiden aus.[141]

Kein Wunder, daß Don Hamilton in seinem »Working Your Way to the Nations: A Guide to Effective Tentmaking« (Führer für wirksames Zeltmachertum)[142] betont, daß man »die Glaubwürdigkeit eines Christen im Beruf in engem Zusammenhang damit sehen wird, wie gut er die Arbeit macht, für die er bezahlt wird.« Ein paar Seiten später hebt David Tai-Woong Lee in diesem Kompendium denselben Punkt hervor, indem er ausführt:

Es gibt zwei Bereiche, die zu beachten sind. Der erste ist, daß man Spitzenniveau in seinem eigenen Fachgebiet anstrebt. Je höher der Level dessen ist, was man selbst in seinem Fachgebiet erreicht hat, um so wahrscheinlicher ist es, daß man in den Genuß echter Wertschätzung und Akzeptanz kommt.[143]

Aus diesem Grunde hebt KCL die hochqualifizierten Fachleute im eigenen Mitarbeiterstab hervor.[144] Yamamori nennt den christlich-missionarischen Berufstätigen »einen Spezialisten im vollsten Sinne des Wortes!«[145]

Herausforderung Nummer 7:
Eifer in Evangelisation und Jüngerschaft

Der erste Kaufmann-Missionar, Ludwig Rottmann, von der Basler Mission 1854 zur afrikanischen Goldküste ausgesandt, war hochmotiviert, den Heiden, jenen Opfern eines physischen wie metaphysischen Notstandes, das Evangelium zu bringen. Seinem Vater zufolge war er schlicht nicht in der Lage, zu Hause zu bleiben. Der spätere Kaufmann Elias Schrenk wurde ganz ähnlich von einem Verlangen verzehrt, Menschen zu Jesus zu führen. Er schrieb: »In meinem Herzen war eine große Last, das Evangelium zu predigen.«[146] Großes Gewicht wurde darauf gelegt, den neu Bekehrten zu mehr Wissen über das christliche Leben zu verhelfen, auf Wachstum durch Taten (»growing by doing«), ganz so, wie Jesus mit seinen Jüngern verfuhr. Als der erste Herrnhuter Handwerker-Missionar Leonhard Dober und der Zimmermann David Nitschmann 1732 Herrnhut verließen, war letzterer so voll von evangelistischem Eifer für die Verlorenen, daß ihn auch die Aussicht, seine Frau und Kinder zurücklassen zu müssen, nicht schreckte und vom Aufbruch nach St. Thomas nicht abhielt.[147]

Die übrigen Brüder waren ähnlich motivierte Händler und Handwerker, die nicht zu Theologen, sondern zu Evangelisten ausgebildet waren. Von ihnen wurde erwartet, daß sie Seite an Seite mit ihren künftigen Konvertiten arbeiten und dabei sowohl durch Worte wie durch ihr lebendes Beispiel diesen für ihren Glauben ein Vorbild liefern würden. Evangelisation, die Hand in Hand ging mit einem anständigen Lebenswandel, wurde unzweifelhaft zu einem bedeutsamen Komplementärziel – neben der Pflege zunächst der handwerklich-fachlichen Qualifikation und später auch der kommerziellen und verwaltungstechnischen Kompetenzen im Volk. Auch hier gilt: Jüngerschaft gleich Wachstum durch Taten, »growing by doing«.

In dem bereits genannten Buch über wirksames Zeltmachertum (»Working Your Way to the Nations: A Guide to Effective Tentmaking«) weisen sowohl Hamilton als auch Tai-Woong Lee ausdrücklich darauf hin, und Jim Chew benötigt sogar ein ganzes Kapitel, um dies darzulegen, daß ein Christ im Beruf, »der in der ersten Schlachtreihe von Gottes Feldzug gegen die Sünde« stehen möchte, ein tiefes Anliegen und eine Ausbildung für Evangelisation haben müsse.[148] Ruth Siemens arbeitet den Punkt in ihrem Info-Blatt H-1[149] zum Thema Vorbereitung des Zeltmachers klar heraus:

Oberstes Anliegen eines Zeltmachers ist die Mission. Höchste Priorität hat Evangelisation . . . Jesus verlangt völlige Hingabe von allem, was wir sind und haben, unter seine Herrschaft.[150]

Wieder wird ersichtlich, daß es möglich ist, für seinen Beruf begabt zu sein und gleichwohl ein brennendes Verlangen beizubehalten, den Verlorenen die Gute Nachricht zu bringen, durch Predigt zu evangelisieren, im Kontext der eigenen Arbeit zu lehren und zu leben. Der Missionsbefehl, »hinzugehen und alle Nationen zu Jüngern zu machen« (Matth. 28, 19), hat seine Gültigkeit für alle Christen, nicht nur für professionelle Evangelisten und Vollzeitmissionare. Würde sich nicht das Angesicht der ganzen Welt verändern, wenn alle christlichen Kauf- und Geschäftsleute, Händler und Handwerker auf den Märkten dieser Welt ebenfalls diesem Gebot gehorchten und jede erdenkliche Gelegenheit ergriffen, das Evangelium kundzumachen?

Herausforderung Nummer 8: Soziale Solidarität

Die typische Haltung eines protestantischen Kaufmanns oder »Kapitalisten« war sein Wille, das eigene Kapital und seinen Besitz für das Gemeinwohl von Armen oder Flüchtlingen einzusetzen.[151] Tawney zufolge sei nicht zuletzt »ein tiefes Bewußtsein für soziale Solidarität« einer der ehrenwerten Aspekte puritanischer Gesinnung gewesen.[152] Von Anbeginn an war es der Basler Mission ein Anliegen, soziale Wohlfahrt und entsprechende Einkommen und damit wirtschaftliche Unabhängigkeit für die neubekehrten Heiden zu gewährleisten. Deshalb wurde die industrielle Mission in Indien begonnen. Das Ergebnis war eine potente Webindustrie, die es Hunderten von indischen Arbeitern ermöglichte, ihre Lebensbedingungen zu verbessern.[153] Hatten sie früher in engen, vollgestopften Hütten gelebt, bewohnten sie nun bald gesündere und heiterere Eigenheime mit kleinen Gärten. 1867 bestand Basel auf der Einrichtung einer Kreditgemeinschaft und eines Gesundheitsfürsorgeplans – davon hatte man in Indien bis dahin nicht einmal gehört.[154]

Unterdessen gründete Spittler[155] zusammen mit seinem Freund Christian Heinrich Zeller im Jahre 1820 Basels erste Erziehungsstätte für arme und vernachlässigte Kinder.[156] 1833 folgte eine Taubstummenschule, zu der im Laufe der Jahre noch weitere Sozialeinrichtungen hinzukamen, z.B. das Basler Kinderkrankenhaus (1845). In der indischen Ortschaft Kanara ließen sich am 20. Januar 1842 zwanzig Schüler aus der pädagogischen Abteilung taufen, was den christlichen Erziehungsprogrammen weiteren Auftrieb gab. Wie Danker erläutert, ist der Schüler aufgerufen, sich seinem Nächsten gegenüber bei jedem körperlichen Bedürfnis als freundlich und hilfsbereit zu erweisen, und dies im Namen Jesu.[157] Die Herrnhuter in Surinam riefen für die Angestellten ihrer Gesellschaften einen Versicherungsfonds ins Leben.[158] Wilson merkt an, daß eine derartige soziale Einrichtung nicht nur in Surinam einzigartig gewesen sei; selbst in Nordamerika habe sich diese Praxis erst wesentlich später durchgesetzt.[159]

Wir sehen darin einen weiteren wichtigen Aspekt des christlichen Zeugnisses. Für christliche Geschäftsleute, Händler und Gewerbetreibende beinhaltet ein ganzheitlicher Lebensstil das Tun des Guten und Hilfe für die Armen (vgl. Apg. 9, 36; 1. Joh. 3, 17 – 18; Matth. 25, 42 – 45), denn wir leben in Beziehung zu Gott und unserem Nächsten[160] (vgl. 3. Mose 19, 18; Matth. 19, 19; Lukas 10, 29 – 37). Insofern ist es keine Überraschung, daß sowohl die Basler als auch die Herrnhuter Brüder mit Hilfe ihrer Präsenz auf dem Markt einen bedeutsamen Beitrag zur Verbesserung der sozialen Lage der Menschen in den jeweiligen Regionen geleistet haben.

Auf diese Weise verantwortlich tätige christliche Geschäftsleute werden immer Einfluß auf die Gesellschaft nehmen, ob zu Hause oder in Übersee. Ihr »Licht« wird »leuchten vor den Menschen, damit sie eure guten Werke sehen und euren Vater, der in den Himmeln ist, verherrlichen« (Matth. 5, 16).

Herausforderung Nummer 9:
Wirkung auf das ganze Gemeinwesen

In seinen Ausführungen über den Einfluß des Unternehmens Kersten & Co. N.V.[161] in Surinam verweist Helman auf die übergreifenden Ziele der Gesellschaft: »dem ganzen Gemeinwesen zu dienen, innerhalb dessen sie tätig ist und mit welchem sie gewachsen ist.«[162] Daß C.K.C.[163] der Mission der evangelischen Brüdergemeine zu Diensten war, daran besteht kein Zweifel; doch die Gesellschaft arbeitete auch daran, immer nützlicher für die wirtschaftliche Organisation von Surinams Hauptstadt und der umgebenden Plantagen zu werden. Diese Ziele kamen ergänzend hinzu, und das Geschäft trug ihre Saat von Anfang an mit sich. So stellt Helman fest:

C.K.C. ist ein Teil der Geschichte Surinams geworden und ebenso Teil der Geschichte der Christianisierung und des kulturellen Zusammenwachsens der heterogenen Bevölkerung.[164] Es kam also zu einem gemeinsamen Wachstum, einer Symbiose mit dem Gemeinwesen und der Wirtschaft des Landes.[165]

Wir können daran ersehen, wie das Herrnhuter Unternehmen und seine Leute allmählich zu einem integralen Bestandteil des Gemeinwesens wurden, dem sie wirtschaftliches Wachstum, soziale Hilfe und sittlichen Wandel gebracht hatten. Am Ende war man in der Lage, christliche Grundsätze einzuführen und als »Veränderungsträger« für eine ganze Gesellschaft zu fungieren. Zahlreiche Fürsten und Monarchen besuchten die Herrnhuter Siedlungen. Ihr Eifer, die Herrnhuter dazu zu bewegen, sich auch in ihren Ländern niederzulassen, hatte seine Ursache offenkundig in wirtschaftlichen Erwägungen.[166] Wirtschaftswachstum und Erfolg werden in vielen Kulturen als »ein Zeichen für den Segen Gottes (bzw. der Götter)« betrachtet.[167]

Wie kann ein christliches Unternehmen größere Wirkung haben? Ist es nicht der größte Traum eines jeden christlichen Geschäftsmannes, daß sein Beruf, die Art, wie er sein Gewerbe oder Geschäft strukturiert hat, in jedem Lebensbereich derart hochgradig wirksam wird, daß dadurch ganze Gesellschaften, ja Länder – zur Ehre Gottes – bereichert werden können?

Herausforderung Nummer 10: Politischer Einfluß

Es ist bekannt, daß die nestorianischen Christen des Mittelalters von den vielen großen Khans als Staatsminister und Vertrauensärzte eingestellt wurden und somit über großen politischen Einfluß verfügten.[168] Ehe er zur Basler Mission kam, durchlief Elias Schrenk, der zweite Basler Kaufmann-Missionar in Afrika, zusammen mit dem berühmten protestantischen Geschäftsmagnaten Carl Mez eine Ausbildung in Freiburg.[169] In seiner Eigenschaft als Mitglied der zweiten Kammer von Baden und – im Jahre 1848 – der deutschen Nationalversammlung stand er öffentlich für seine biblischen Überzeugungen ein und kämpfte für Freiheit und soziale Gerechtigkeit. Viele der Gründungsväter der Basler Mission waren zugleich herausragende Politiker, wie beispielsweise der Stadtrat Adolf Christ,[170] Senator Bernhard Socin-Heusler und der Senator und Industrie-Tycoon Carl Sarasin-Vischer-Sauvain. Letzterer war besonders engagiert – er nahm die sozialen Verhältnisse von Handwerkern und Fabrikarbeitern aufs Korn und war auch der Initiator der späteren »Basler Handwerker-Bank«. Auch Eduard Preiswerk, Richter, Stadtrat und später der Vorsitzende der Basler Missions-Handelsgesellschaft,[171] darf in dieser Auflistung nicht fehlen. Was die Herrnhuter betrifft, so gab es viele Adlige, die sich für den frommen Grafen Zinzendorf und sein Herrnhuter System interessierten und davon angezogen wurden. Durch Heirat ein Vetter des dänischen Königs, bewegte er sich in den höchsten europäischen Kreisen und hatte auf diese Weise beträchtlichem politischen Einfluß. Abraham Dürninger (1706 – 1773), einer ihrer größten Geschäftsleute und Pioniere, wurde zu Privataudienzen beim König von Sachsen empfangen, der auch weiterhin auf seinen persönlichen wie geschäftlichen Rat nicht verzichten wollte.[172]

Wir können als Fazit ziehen, daß es christlichen Geschäftsleuten in den verschiedensten Jahrhunderten, den verschiedensten Ländern und den verschiedensten politischen Kontexten immer wieder gelungen ist, sich auf politischem Parkett Gehör zu verschaffen und so auf die sie umgebende Gesellschaft einzuwirken.[173]

Notwendige Vorkehrungen

Bis hierhin haben wir die positiven Resultate betrachtet, die hochmotivierte christliche Geschäftsleute von moralischer Integrität auf den Märkten und in der Weltwirtschaft erzielt haben, um das Reich Gottes voranzubringen.[174] Doch es wäre weder klug noch richtig, die innewohnenden Gefahren, Schwierigkeiten und Schwächen außer acht zu lassen. Auch sie wollen wir analysieren und davon lernen:

Spannungen bezüglich der Motivation

Das Beispiel, das die Basler Mission und ihre Missions-Handelsgesellschaft geben, offenbart deutlich die Spannungen, die zwischen »Mission« und »Geschäft« (oder zwischen geistlicher und weltlicher Sphäre) bestehen. Der vierte Missionsinspektor, Otto Schott,[175] trat für die vollständige Trennung aller Geschäftsaktivitäten der Mission ein. Ihm widerstrebte jede enge Verbindung zwischen missionarischer und wirtschaftlicher Betätigung;[176] er stand damit dem Gründungspräsidenten der Handelsgesellschaft und Geschäftstycoon Ulrich Zellweger diametral gegenüber, von dem er den Eindruck gewonnen hatte, daß er das Geschäft durch den Einsatz von gewöhnlichen, weltlichen Kaufleuten und reinen Geschäftsprinzipien zu sehr antreibe, um größere Fortschritte zu erzielen.[177] Beide hatten also unterschiedliche und unterscheidbare Motive. Beide litten an einer zu einseitigen Sicht, und keiner war in der Lage, das Säkulare erfolgreich mit dem Sakralen zu verbinden. Am Ende resignierten beide.[178] Denn unter dieser ständigen Spannung zu leben, ertrug keiner von ihnen. Die Herrnhuter begegneten ganz ähnlichen Problemen. Ihre Motive waren nicht immer klar. Der missionarisch ambitionierte Gründer der berühmten Gesellschaft C.K.C. betrachtete die Handelsseite des Geschäfts in Wirklichkeit als ein notwendiges Übel.[179] Eine andere Geschichte war, wie einige ihrer Leute eine Broschüre mit dem Titel »An die Herren Eigentümer und Verwalter von Plantagen in der Kolonie Surinam« verfaßten und damit nahezu einen Skandal auslösten. Die Folge war, daß Geschäftsinteressen und der geistliche Auftrag der Mission in offenen Widerstreit miteinander gerieten.[180] Andererseits, so Dankers Überlegung, führte das wenigstens dazu, daß die Brüder endlich eine arbeitstechnische Einheit der geistlichen und materiellen Aspekte aller missionarischen Geschäftsunternehmungen klarstellten[181] und nun entschlossen waren, mit dieser Spannung zu leben. Er merkte ferner an:

Sobald Krisen aufkamen, arbeiteten beide Gruppierungen die Probleme auf und verliehen den wirtschaftlichen Aktivitäten innerhalb der Mission auf theologischer Basis Gültigkeit in Form einer vernünftigen Methodologie für Mission.[182]

Ohne Zweifel haben Mission und Wirtschaft ihre eigene innere Dynamik und gehorchen ihren eigenen Gesetzen. Die Gefahr ist, daß der missionarische Antrieb am Ende zu einer gewissen Anpassung an die Welt führt. Wirtschaftskontakte brachten für die Missionare Kontakte zur sie umgebenden Welt mit sich und beschleunigten somit einen gewissen Grad an Verweltlichung.[183]

Es ist jedoch genauso gefährlich, in ein Denken zu verfallen, in dem die berufliche Arbeit nur noch insofern einen Wert hat, als sie Christen einen Anlaß zum Zeugnis gibt – eine aus biblischer Sicht völlig abwegige Arbeitsdoktrin.[184] Ungeachtet dessen haben die Herrnhuter Geschäftsbestrebungen in Surinam – die offiziell 1768 begannen – sowie an vielen anderen Schauplätzen dieser Welt und nicht minder die 1859 gegründete Basler Missions-Handelsgesellschaft und ihr Afrika- und Indienhandel über annähernd zwei Jahrhunderte hinweg gezeigt, daß eine Verknüpfung von Mission und Geschäft tatsächlich möglich ist.[185]

Ausreichend Belege hierfür liefern ebenfalls unsere aktuellen Fallbeispiele und die durch deren Betrachtung ermittelten Ergebnisse. Es ist möglich, Geschäftliches in die Mission zu integrieren oder, je nach Lage der Dinge, Mission in Geschäftsdinge. Wo sind sie, die Aquila & Priszilla GmbHs, Heaven's Import-Exports, KINGDOM Corp.'s oder ANGEL TEXTILES' von heute, die es um des Herrn willen auf sich nehmen, sich im Geschäftsleben unbekannter Länder und Völker zu investieren? Unsere Generation und die unserer Söhne und Töchter sollte es schaffen, ein eindeutiges missionarisches Anliegen zu behalten und infolgedessen zur Ausbreitung des Reiches Gottes durch Ausnutzung ihrer Geschäftsunternehmungen beizutragen. Daß das niemals ein leichter Weg sein wird, liegt auf der Hand. Gleichwohl bleibt es unser Wunsch für den Leser, daß er erkennen möge, welches enorme und weitgehend unangetastete Potential in dieser Domäne für christliche Geschäftsleute vorhanden ist und nur darauf wartet, mobilisiert und ebenso vor- wie umsichtig in Richtung auf den globalen Markt kanalisiert zu werden, in die bis heute unerreichten Teile unserer Welt. Sofern unsere einzige Motivation in der Mission die Ehre Gottes ist, wird es sich bewahrheiten: »Alles ist möglich für den, der glaubt« (Mk. 9, 23; 11, 23).

Kursabweichungen

«Niemand kann zwei Herren dienen . . . Ihr könnt nicht Gott dienen und dem Mammon» (Matth. 6, 24; Lukas 16, 13). Carl Sarasin, Mitglied des Basler Missionskomitees, Privatbankier und Industrietycoon, wußte, worüber er sprach, als er dem jungen Missionars-Kaufmann Rottmann nach Christiansborg/Goldküste schrieb, wo Rottmann 1855 seinen ersten Laden aufgemacht hatte. Er legte besonderen Wert auf die Feststellung, daß das missionarische Anliegen über dem geschäftlichen Anliegen rangieren solle, damit der missionarische Laden eine Insel im weiten heidnischen Ozean sein könne.

Auch das Beispiel des chinesischen Christen Watchman Nee ist erwähnenswert. Nee war eine Zeitlang in Geschäfte verwikkelt, die ihn vom eigentlichen Kurs abbrachten. 1942 übernahm er die Leitung einer pharmazeutischen Fabrik und hoffte, auf diese Weise Selbstversorger wie der Apostel Paulus zu werden. Er geriet jedoch dermaßen in die Schlingen seiner geschäftlichen Verantwortung, daß er fünf Jahre lang nicht zum Predigen kam. 1947 gestand er den Fehler, sich so in die Belange der Fabrik vertieft zu haben, öffentlich ein und übergab sie der christlichen Gemeinde von Schanghai.[186] Sowohl Wilson als auch Hamilton warnen vor derartigen Kursabweichungen.[187] Es war unbedingt eine positive Entwicklung, daß Basel mit so viel Nachdruck den Standpunkt vertrat, der Kaufmann-Missionar sei nicht dazu da, in Übersee für sich selbst ein Königreich aus dem Boden zu stampfen, sondern alle Gewinne, die seine Anstellung mit sich brachte, müßten an die Mission abgegeben werden. Es besteht unzweifelhaft die Gefahr, daß missionarische Kaufleute sich tief in die Welt der Geschäfte verstricken und am Ende vom Geldverdienen total vereinnahmt sind. Treffend schrieb Rolf Haan von der »verführerischen Macht« des Geldes;[188] die Begierde danach sei zu einem grundlegenden »ökonomischen Motiv« geworden.[189]

Dieselbe Gefahr ist auch häufig in zeitgenössischen Beispielen anzutreffen. Eine dem Autor bekannte Gesellschaft startete einst mit dem Missionswerk ihres Eigentümers eine Zusammenarbeit in einem islamischen Land. Nach ein bis zwei Jahren übte der Zwang der Gewinnmaximierung solchen Druck aus, daß der Besitzer das von ihm unterzeichnete, schriftlich vereinbarte Abkommen mißachtete und die Kaufleute und Repräsentanten der Mission umging, um direkt mit den islamischen Produzenten zu verhandeln, was ihm erlaubte, Fixkosten zu senken, bessere Gewinne zu erzielen und überhaupt bessere Geschäfte abzuschließen. Die wunderbare Möglichkeit aber, durch zwei Kaufmanns-Missionare über den Handel Kontakt zu den Einheimischen und Gelegenheiten zum Zeugnis zu haben, war damit leider vertan.[190]

Als Ergebnis bleibt festzuhalten, daß wir die Pflicht nicht vernachlässigen dürfen, vor solchen Gefahren zu warnen, vor Gefahren wie dieser, daß das Verlangen nach Profiten zu Verstrickung und ungesunder Inanspruchnahme durch das Geschäft und die ihm eigene Dynamik führen kann. Dennoch ist es sehr wohl möglich, durch eine Hinwendung mit ganzem Herzen und ungeteilter Gesinnung auf das Ziel ausgerichtet zu bleiben, ein missionarischer Kaufmann, ein Christ im Geschäftsleben mit nur einer einzigen Berufung zu sein: Gott zu lieben, ihm von ganzem Herzen zu dienen (5. Mose 6, 5; 10, 12; Mk. 12, 30 u.a.) und alles zu seiner Ehre zu tun (1. Kor. 10, 31; Kol. 3, 23 – 24).

Korruption

Eines der sittlichen Hauptprobleme, auf die ein christlicher Geschäftsmissionar in einer fremden Kultur – egal, in welchem Land, ja sogar in unserer westlichen Gesellschaft – stoßen wird, ist das der Korruption.[191] Korruption kommt schon im Alten Testament vor,[192] da sich nämlich das ethische Postulat der Juden, ehrliche Maße und Gewichte zu verwenden (vgl. 3. Mose 19, 35 – 37; 5. Mose 25, 13 – 16; Sprüche 11, 1; 16, 11), ohne Frage gegen die hartnäckige Angewohnheit des Betrügens und Übervorteilens anderer und gegen Unehrlichkeit richtete. Auch Bestechung war bereits eine gängige Praxis in dieser Zeit (2. Mose 23, 8; 5. Mose 16, 19; Sprüche 6, 35). Leider war dies zur Zeit des Neuen Testaments immer noch der Fall, und zwar sowohl unter den führenden Juden (Matth. 28, 11 – 15; Mk. 14, 11) als auch unter anderen – geschäftlich tätigen – Juden (Lukas 19, 8) und unter den römischen Besatzern (Apg. 24, 24 – 26).[193] Als die ersten christlichen Händler und Gewerbetreibenden in der nachapostolischen Ära ihre Geschäftsaktivitäten und ihren Lebensstil auf dem neuentdeckten Boden des Evangeliums verankerten, müssen ihre Verhaltensweisen und Einstellungen zu den im korrupten Umfeld ihrer damaligen Kultur und Gesellschaft üblichen im krassen Gegensatz gestanden haben. Clemens von Alexandria[194] erachtete es für unerläßlich, sich mit folgendem Aufruf an die Geldwechsler zu wenden: »Geldwechsler, seid ehrlich!«[195]

Dasselbe wird auf die Nestorianer zugetroffen haben, die auf den Seidenstraßen Asiens unterwegs waren und durch viele verschiedene Kulturen und Gesellschaften kamen, in denen sie auf Heidentum und Animismus, auf Konfuzianismus, Buddhismus und Islam mit ihren verdrehten und verdorbenen Werten[196] trafen, vermengt mit dem universellen Problem menschlicher Gier und Habsucht.[197] Helman dokumentiert dieselbe Wirklichkeit, indem er mit folgenden Worten Herrnhuter Gewerbetreibende aus Surinam zitiert:

Die Leute hier sind äußerst sündhaft und verstehen sich auf alle möglichen Unziemlichkeiten, so daß man schon recht scharfsinnig und erfahren sein muß, um zu vermeiden, daß man übel betrogen wird.[198]

Vielleicht ein Jahrhundert später machten Basler Handelsmissionare dieselbe Erfahrung. In den Jahren 1877 und 1878 wurde Indien von einer großen Hungersnot heimgesucht, und das ganze Land war in tiefstes Leid gestürzt. Allein in der Provinz Madras starben binnen fünf Monaten eine halbe Million Menschen. Selbst im Angesicht des Todes wuchs und gedieh indes die Korruption. Wer keine Beamten bestach, kam nicht auf die Liste für Nothilfe und -versorgung durch die Regierung. Viele Beamte bereicherten sich solcherart auf Kosten der Hungrigen, Bedürftigen und Sterbenden.[199]

Wilson, der bei seiner Arbeit in Afghanistan auch Korruption erlebt hat, gibt dem Leser einen guten Rat, wenn er empfiehlt, bei Verhandlungen mit Beamten darauf zu achten, daß diese nicht in eine Position kommen, wo sie ja oder nein sagen müssen. Viele fürchten, etwas unterschreiben zu müssen. Normalerweise reicht es, sie einfach davon in Kenntnis zu setzen, was man vorhat, und ihnen so den nötigen Respekt zu erweisen.[200]

Ein anderer Weg, sich Achtung zu erwerben und Türen bei einheimischen Behörden zu öffnen, ist das Schreiben von Berichten; oder man zeigt Bilder und demonstriert, wie diese lokalen Behörden und/oder Beamten sich als höchst hilfreich erwiesen haben.[201] In letzter Zeit sind viele Bestechungsfälle von internationalen Gesellschaften, die im Ausland arbeiten, herausgekommen. Einige meinen, man müsse da mitmachen, um sich der einheimischen Kultur anzupassen. Für manche in fremden Kulturen tätigen christlichen Geschäftsleute mag dies als der »einzige Ausweg« erscheinen, doch für einen Christen kann es immer nur ein schlechtes Zeugnis sein, Schmiergelder zu zahlen. Der Apostel Paulus lehnte dies ab (Apg. 24, 26f.), und die Schrift setzt uns davon in Kenntnis, daß »das Bestechungsgeschenk das Herz zugrunde richtet« (Pred. 7, 7). Anstatt Geld zu zahlen, haben sich einige Handelsmissionare angewöhnt, regelmäßig zu bestimmten Zeiten im Jahr (an christlichen Feiertagen wie Weihnachten zum Beispiel) bei zuständigen Beamten vorstellig zu werden, um ihnen Geschenke als Ausdruck ihrer Dankbarkeit dafür zu überreichen, daß sie ihnen geholfen haben, in ihren Geschäften Fortschritte zu machen. Auf diese Weise werden Geschenke nicht als Bestechungsmittel angesehen.[202] Trotz solcher Optionen kann jemand, der Tag für Tag mit endlosen Verhandlungen, Inkompetenz, der Hin- und Herschieberei von Papieren, mit so gut wie keinen Fortschritten bei der Ausstellung von Genehmigungen und mit Verzögerungen sonstiger Art konfrontiert ist, schließlich schon mal die Geduld verlieren und das Gefühl haben, daß er nicht anders kann und einfach etwas tun muß, um nicht am Ende noch sein Geschäft zu verlieren. Eine mögliche Lösung, die von einigen in der arabischen Welt tätigen missionarischen Geschäftsinhabern praktiziert wird, ist es, einem einheimischen Mittelsmann – in der Regel handelt es sich um einen im Import-Export-Geschäft kundigen Einheimischen oder jemanden vom Zoll – eine Pauschalsumme für die ganze Operation zu zahlen, inklusive aller Ausgaben, die anfallen, um den Handel über die Bühne zu bringen. Es wird vorausgesetzt, daß der einheimische Mittelsmann sich gut genug auskennt, um klarzukommen.[203]

Der beste Weg ist immer, eine klare Linie zu fahren: »Es sei aber eure Rede: Ja, ja! Nein, nein!« (Matth. 5, 37). Wir haben bereits die Wirkung beleuchtet, die das hat, und den Segen, den Gott denen verheißt, die ehrlich sind (5. Mose 25, 13 – 26; Sprüche 10, 9). Paul Kleiner ruft christliche Einrichtungen auf, »zur Überwindung von Bestechung«[204] beizutragen. Für einen Christen gibt es dann natürlich auch noch die Kraft des Gebets, denn

»bei Gott sind alle Dinge möglich« (Matth. 19, 26; Lukas 1, 37), selbst in Anbetracht behördlicher Korruption und der nie endenden Auswirkungen des Sündenfalls auf die Märkte dieser Welt. Die Ablehnung einer Ethik der Verantwortlichkeit führt zu Korruption. Wollen Christen Salz und Licht sein, müssen sie der machtvollen Versuchung der Korruption widerstehen. Rennstich bezeichnet Korruption als eine soziale Sünde und als universell.[205] In seinem Buch mit dem Titel »Korruption« erläutert er dieses Phänomen auf soziologischem, politischem und ökonomischem Hintergrund. Er weist darauf hin, daß sowohl die Bibel als auch die Geschichtsschreibung den Nachweis dafür erbringen, wie Korruption immer wieder die geschichtlichen Umstände beeinflußt hat. Die drei Haupttypen von Korruption sind: persönliche Bereicherung, Bestechlichkeit bei Rechtsfällen und der Kauf von Ämtern und Titeln. Kleiner ging in Quellentexten den unterschiedlichen Termini für Korruption nach und erörterte sie nachfolgend in ihren ethischen und theologischen Implikationen mit Bezug auf die Ethik der Verantwortlichkeit.[206] Grundlage aller Korruption ist die Lüge. Rennstich zufolge gibt es eine spezielle »Technik« des Lügens, die für denjenigen, der korrupt ist, zur Norm wird und von ihm gerechtfertigt werden kann.[207] Nur in einem »Klima« der Lüge kann Korruption gedeihen. Für Bonhoeffer ist Lüge »demzufolge die Verneinung, Leugnung und wissentliche und willentliche Zerstörung der Wirklichkeit, wie sie von Gott geschaffen ist und in Gott besteht, und zwar soweit dies durch Worte und durch Schweigen geschieht.«[208] Der Mensch, nach dem Bilde Gottes geschaffen, muß Lüge und Korruption in Bausch und Bogen verwerfen. Gott selbst ist unbestechlich: »Denn der Herr, euer Gott, er ist der Gott der Götter und der Herr der Herren, der große, mächtige und furchtbare Gott, der niemanden bevorzugt und kein Bestechungsgeschenk annimmt« (5. Mose 10, 17).

Risiken

Jeder Geschäftsmann (und jede Geschäftsfrau) weiß, daß es immer ein Risiko bedeutet, ein neues Geschäftsprojekt in Angriff zu nehmen, einen neuen Produktionszweig zu eröffnen oder in einen neuen Markt einzusteigen. Dies trifft auch auf unsere westlichen Märkte zu, die immerhin die Vorzüge eines gewissen Maßes an Stabilität und vorhersehbarer Risikofaktoren aufweisen. Das Risiko im globalen, kulturübergreifenden Raum ist dagegen wesentlich höher. Eine gute und stabile Regierung ist wesentlich für die wirtschaftliche Entwicklung, bilanziert Hay[209] mit Blick auf den internationalen Handel in seinem Buch »Economics Today« (»Wirtschaft heute«). Jeder Unternehmensberater oder Investmentmanager unserer Tage würde dem beipflichten. Demokratisch legitimierte Regierungen scheinen mehr Stabilität zu gewährleisten als Diktaturen, in denen die staatlichen Behörden an der Planung und regulativen Kontrolle der Wirtschaft beteiligt und die entscheidenden Verträge über wirtschaftliche Entwicklung und Zusammenarbeit automatisch als Einfallstore für korrupte Machenschaften verdächtig sind. Politische Instabilität und ein korrupter Abwicklungsprozeß stellen ganz ohne Zweifel ein hohes Risiko für neue Geschäftsunternehmungen und die damit zusammenhängenden Investitionen und sonstigen unternehmerischen Schritte dar. Es gibt Länder, in denen die bestehenden Gesetze für die Rechte der ausländischen Investoren keinerlei Gewähr bieten.[210] In Krisensituationen könnten Besitzstände und Vermögenswerte einfach beschlagnahmt werden, ohne je zurückgegeben zu werden. Um solche Probleme zu umgehen, bedienen sich einige Geschäftsmissionare auf dem Weltmarkt der Option, alles von einem einheimischen Treuhänder abschließen zu lassen, oder wählen einen einheimischen, vertrauenswürdigen und kompetenten Christen als Geschäftspartner. Andere Risikofaktoren sind die oft stark divergierenden Sitten und moralischen

Standards. Das war eine der frühen Erfahrungen, die die Basler Missions-Kaufleute mit ihrer »Basler Missionsfabrik«[211] im westafrikanischen Christiansborg machten. Ihre erste Handelsstation war so unsicher, daß sie über Nacht einheimische Wächter davor postieren mußten, um die Fabrik vor Dieben und Brandstiftern zu schützen. Die Divergenzen betreffen ferner die Einstellungen zur Arbeit und Produktqualität. Immer wieder mußten die christlichen Pionierhändler in Indien sich mit faulen, trägen und unbegabten jungen Männern herumschlagen, die allen möglichen Anstrengungen zum Trotz aufgrund ihres Mangels an Produktivität entlassen werden mußten.[212] Doch kann ein Risikofaktor auch als Herausforderung und Gelegenheit gesehen werden, Fortschritte in einem bestimmten Bereich zu erzielen.[213] Mit dem Ausbruch des Ersten Weltkriegs am 16. September 1914 verlor die Basler Handelsgesellschaft alle ihre Gesellschaften und Besitztümer in Kamerun, weil alliierte Truppen einmarschierten und all ihren Besitz beschlagnahmten. 1918 widerfuhr den Handelsmissionaren an der Goldküste das gleiche. Sie mußten schwerwiegende Verluste an Läden, Fabriken, Gebäuden und Land hinnehmen. In Indien hielt die Mission an die 13 verschiedene Industriebetriebe, aber nach ein paar Jahren der Duldung wurden auch diese konfisziert und 1916 von der Regierung verkauft. Gott sei Dank wurden die Besitztümer und Vermögenswerte in Kamerun (1922/23) und der Goldküste (1928) später offiziell zurückerstattet. Lediglich die indischen Industriebetriebe blieben verloren; aber immerhin wurde 1952 ein Finanzausgleich erzielt.[214]

Naturkatastrophen, über die Elias Schrenk umfassend referiert,[215] sowie gesundheitliche Belastungen waren – und sind noch heute – weitere nicht zu verschweigende Risiken.

Im 18. Jahrhundert erlitten viele Herrnhuter Pioniere (und andere) ernste Erkrankungen, und nicht wenige bezahlten den Einsatz mit ihrem Leben. Rund ein Jahrhundert danach ließen auch viele von den Basler Missionarskaufleuten ihr Leben.

Auch heute leben noch viele unerreichte Völker in Gegenden mit den Körper stark beanspruchendem Tropenklima oder in Dürregebieten, und oft sind die hygienischen Bedingungen in den Städten und auf den Marktplätzen der Dritten Welt erbärmlich. All diese Risiken und vielleicht noch viele andere mehr müssen ernst genommen werden und werden zweifellos ihren Tribut fordern. Gibt es aber für ein Reich-Gottes-Unternehmen, das auf den rechten Motiven beruht, irgend etwas, das den eigenen Fortschritt und die eigene Entwicklung stoppen kann, wenn diese Dinge sich unter Gottes Leitung abspielen, als »gute Werke, die Gott vorher bereitet hat, damit wir in ihnen wandeln sollen« (Eph. 2, 10)?

Schlußfolgerungen

Wenn wir auf den historischen Abschnitt unserer Betrachtungen (Kapitel 2) zurückblicken, dann finden wir eindeutige Belege dafür, daß Handel und Geschäft in den vergangenen 2000 Jahren zur Ausbreitung des Christentums über die ganze Erde erheblich beigetragen haben. Ohne die vielen christlichen Laien, die auf den Märkten der Welt wie ein Brief Christi, »erkannt und gelesen von allen Menschen« (2. Kor. 3, 2), gelebt und gearbeitet haben, wäre das Evangelium nie so weit gekommen, wie es heute zu verzeichnen ist – über geographische und soziale Grenzen hinweg.

Es dürfte so gesehen keine Überraschung sein, daß der Handelsverkehr in den letzten dreißig bis vierzig Jahren als brauchbare Missionsstrategie wiederentdeckt worden ist, namentlich für Länder, in denen die offene Verkündigung des Evangeliums verboten ist[216] und die daher für Missionare im herkömmlichen Sinn schwer zugänglich sind. Die Missiologie hat für diesen neuen Typus von Missionaren den Begriff des Zeltmachers geprägt. Daß deren Methodik auch heutzutage funktioniert und viele Nachahmer gefunden hat, wurde im dritten Kapitel dieses Buches gezeigt. Doch die theologischen und ethischen Fragen, die aufkommen, wenn man die Instrumentalisierung von Geschäft und Handel für die Mission diskutiert, müssen verstanden, ernst genommen und gründlich analysiert werden. Unsere Welt der Wirtschaft, ihr Kontext und ihre Dynamik erfreuen sich keines guten Rufes. Falsche Motive, Ungerechtigkeit, Habgier und Korruption sind die Assoziationen, die einem beim Gedanken an »Geschäftemacher« sofort kommen. Können solche Berufe, ihre Strukturen und wirtschaftliche Dynamik als missionarisches Werkzeug zur Ehre Gottes verwendet werden?

Daß Tätigkeiten und Berufe in der Wirtschaft, entgegen den im großen und ganzen negativen Urteilen der griechisch-römischen Epoche wie auch des Mittelalters, Wertschätzung genießen, ist ein Verdienst der Reformation, wie wir in Kapitel 4 gesehen haben. Arbeit und Kapital nehmen einen ganz neuen Stellenwert ein, wenn sie zur Ehre Gottes zum Einsatz kommen! Die protestantische und puritanische Arbeitsethik leistete einen maßgeblichen Beitrag zur wirtschaftlichen Entwicklung – in Richtung Kapitalismus – und Industrialisierung der westlichen Welt.

Christliche Geschäftsleute, Händler wie Gewerbetreibende, bilden das Modell eines ganzheitlichen Lebensstils. Sie betrachten ihre geschäftlichen Aktivitäten als geistlich positiv und damit als eine gültige Form christlichen Dienstes für Gott. Sie arbeiten hart und fleißig für den Herrn und verdienen sich Ansehen für ihre Redlichkeit. Ihre Geschäftsverhandlungen sind fair, ihre Preise korrekt, Güte und Qualität das Markenzeichen ihrer Produkte. Sie sind höchst fähige Fachleute auf ihrem Gebiet und zeigen einen tiefen Sinn für soziale Solidarität. Sie brennen vor Verlangen, Menschen zu Jesus zu führen und sie zu schulen. Die Ergebnisse ihrer Geschäfte und ihrer Handlungsweisen haben Einfluß auf die ganze Gesellschaft; und in der Domäne der Politik sind sie insofern von Bedeutung, als sie dem Anliegen Gottes für die Welt Ausdruck verleihen. Wenn man sich Einzelpersonen anschaut, »die den Erdkreis aufgewiegelt haben« (Apg. 17, 6b; vgl. 16, 20) und dabei die Gesellschaft auf so umfassende Weise beeinflußt haben, daß die Auswirkungen ihres Dienstes sich über ganze Kulturen erstreckten, bis hinein in die Geschäftswelt, sieht man sich dann nicht einem geradezu idealen Träger für die Mission gegenüber? Die Prämisse dieser Veröffentlichung ist, daß eine mächtige Entfesselung des schlafenden Potentials christlicher Geschäftsleute erfolgen muß, wenn man die unerreichten Völker dieser Welt erreichen und den alten, christlichen Westen re-evangelisieren will. Die Geschichte hat gezeigt, daß Gott sie im Rahmen der frühen Ausdehnung des Christentums gebrauchte, und er wird es wieder tun! Das war der Ruf, der anläßlich des Zweiten Lausanner Kongresses für Weltevangelisation in Manila an das Laientum erging.

Der Vorsitzende des Kongresses, Leighton Ford, sprach in diesem Zusammenhang von einer zweiten Reformation: »Gott legt sein Werk in die Hände einfacher Christen, wie er in der ersten Reformation die Bibel in ihre Hände gelegt hat.«[217]

Yamamori fordert die weltweite Kirche zu einem Paradigmenwechsel auf: zusätzlich zu den traditionellen Missionaren 600.000 »Sonderbeauftragte« zu entsenden.[218] Die Welt mit ihren unbeschreiblichen Nöten – ihren unerreichten Völkern, ihren Milliarden in den Klauen dämonischer Mächte in synkretistischen Religionen (Eph. 6, 12), ihren 1,3 Milliarden in den urbanen Elendsvierteln, ihren 400 Millionen am Rande des Hungertodes, ihren hundert Millionen Obdachlosen, welchen Nöten auch immer[219] – ist ein Widerhall dessen, was wir über die Massen zur Zeit Jesu lesen können, die »erschöpft und verschmachtet waren wie Schafe, die keinen Hirten haben« (Matth. 9, 36). Es ist wahr, »die Ernte zwar ist groß, die Arbeiter aber sind wenige« (Matth. 9, 37).

Werden die christlichen Geschäftsleute und Händler des 21. Jahrhunderts wieder ein Teil des göttlichen Heilsplans sein, als »Arbeiter« ausgesandt »in seine Ernte« (Matth. 9, 38)? Sie haben den Vorteil, daß sie Zugang zur ganzen Welt haben, selbst zu den Teilen, die für offene Missionsarbeit offiziell abgeschottet sind. Geschäfte sind eine globale Angelegenheit geworden. Jede Kultur kennt, braucht, schätzt das Business. Das GATT[220]-Abkommen bindet die ganze Geschäftswelt zu einer einzigen weltweiten Gemeinschaft zusammen, und der globale Markt hat effektiv eine neue internationale Ordnung geschaffen. Ist es da nicht möglich, daß eine starke christliche Business-Bewegung entsteht, die ihre internationalen Kontakte, Verhandlungen und Beziehungsgeflechte ausnutzt, um in dürres Weideland vorzudringen und verlorene, hungrige Schafe zu versorgen? »Seht nun genau zu, wie ihr wandelt, nicht als Unweise, sondern als Weise! Kauft die rechte Zeit aus! Denn die Tage sind böse.« (Eph. 5, 15f.) Solche christlichen Händler und Kaufleute werden jedoch Vorsorge treffen und eindeutig missionarische Motive haben müssen. Sie werden sich vorsehen müssen, daß sie nicht infolge ihres geschäftlichen Engagements vom Kurs abkommen. In der gefallenen, korrupten Welt um sie herum wird es der Weisheit und des Glaubens bedürfen, um die vielfältigen Risiken und Hindernisse zu überwinden. Doch »bei Gott sind alle Dinge möglich« (Matth. 19, 26; Lukas 1, 37). Gott hat ein Ziel mit der menschlichen Geschichte. Sein Ziel ist es, sich allen Menschen zu offenbaren und »die Erde« mit der Erkenntnis seiner »Herrlichkeit« zu erfüllen (Hab. 2, 14).

Missionsstrategien sollten zielorientiert und im Einklang mit Gottes Wort sein. Der Apostel Paulus hatte ein einziges Lebensziel. Wir lesen es in der Apostelgeschichte, Kapitel 9, Vers 15: »Geh hin! Denn dieser ist mir [d. i. dem Herrn] ein auserwähltes Werkzeug, meinen Namen zu tragen sowohl vor Nationen als Könige und Söhne Israels!« Paulus bestätigt sein Lebensziel im Römerbrief (Röm. 15, 20f.) mit einem Zitat aus Jesaja 52, 15:

»Denn sie werden sehen, was ihnen nicht erzählt worden war, und was sie nicht gehört hatten, werden sie wahrnehmen.« Christliche Geschäftsleute und Zeltmacher müssen erkennen, daß sie Teilhaber an der apostolischen Berufung sind, die Unerreichten zu erreichen. Der apostolische Dienst zielt auf die Schaffung von christlichen Familien als kleinste Zelle der Gesellschaft, die Gründung von Gemeinden, die Veränderung der Gesellschaft und eine von Gott gesegnete Wirtschaft. Diese vier Bereiche gehören zum Mandat (1. Mose, Kap. 1 und 2) der ursprünglichen Schöpfung Gottes, die er durch Christus wieder herstellt. Gleiches wie vom Apostel Paulus, der flexibel sein mußte, was sein geographisches Tätigkeitsfeld und die Finanzquellen zur Unterstützung seiner Arbeit anbetraf, wird auch vom zeitgenössischen Zeltmacher verlangt. Die Anwendung dieser Prinzipien wird deutlich anhand der Paulinischen Missionsstrategie, die wichtigsten städtischen Zentren zu erreichen, die geistigen und wirtschaftlichen Nervenzentren des Römischen Reiches. Der Einsatz seiner beruflichen Fähigkeiten bot ihm offenbar die beste Gewähr für seine geographische Flexibilität und weitgehende finanzielle Unabhängigkeit während seiner Gemeindegründungsarbeit. Die von Paulus und seinen Mitarbeitern gegründeten Gemeinden dehnten das Reich Gottes in unerreichte Gebiete aus und stellen mithin einen bedeutenden Beitrag zur Evangelisierung der damals besiedelten Welt dar (Kol. 1, 26). Das könnte auch Ihr Lebensziel werden. Sollten Sie die Wahl treffen, Ihre Business power in Zusammenarbeit mit der Zeltmacher-Bewegung zum Einsatz zu bringen und auf diesem Wege mitzuhelfen, Jesus unter Volksgruppen in aller Welt bekanntzumachen? Könnte das vielleicht Gottes Ziel für Sie sein? Die Möglichkeiten, die Gott den christlichen Geschäftsleuten gegeben hat, dürfen nicht länger vernachlässigt werden.

Bibliographie (Auswahl)

Griffiths, Michael, Tinker, Tailor, Missionary? (Leicester: Inter-Varsity Press, 1992).

Haan, Rolf, The Economics of Honour (Genf: World Council of Churches Publications, 1988).

Hamilton, Don, Tentmakers Speak (Ventura: Regal Books, 1987).

Hay, Donald A. Economics today (Leicester: Apollos, 1989).

Kleiner, Paul, Bestechung: Eine theologisch-ethische Untersuchung (Bern/New York: Peter Lang, European University Studies, 1992).

Klöcker, Michael and Tworuschka, Udo (Hrsg.), Ethik der Religionen-Lehre und Leben, »Arbeit,« Bd. 2 (München: Kösel-Verlag GmbH & Co., 1985).

Lewis, Jonathan (Hrsg.), Working Your Way to the Nations (Pasadena: William Carey Library, 1993).

Likins, Jay, Values in the Marketplace (Fullerton: R. C. Law & Co, Inc., 1991).

Rennstich, Karl, Korruption: Eine Herausforderung für Gesellschaft und Kirche (Stuttgart: Quell-Verlag, 1990).

Schrenk, S., Elias Schrenk: Ein Leben im Kampf um Gott (Stuttgart: Evang. Missionsverlag GmbH, 1936).

Siemens, Ruth E., GO Factsheet H-1, The Tentmaker's Preparation (Pasadena: 1986).

Wilson, J. Christy, Today's Tentmakers (Wheaton: Tyndale House Publ. Inc., l985).

Yamamori, Tetsunao, God's New Envoys (Portland: Multnomah-Press, 1987).

Auswertung

Ihr Anteil an Gottes Unternehmen

Wie passen Ihre geschäftlichen Fähigkciten mit dem, was Sie gerade gelesen haben zusammen? Falls Sie in Erwägung ziehen, dieselbe Art von Business anzufangen, wie wir sie in diesem Buch behandelt haben, welche Anregungen haben Sie ggf. durch die Lektüre bekommen? Oder haben Sie Vorschläge oder konstruktive Kritik vorzubringen?

Sie können uns helfen, künftige Auflagen dieses Buches zu verbessern und Ihnen so besser dienlich zu sein. Füllen Sie dazu bitte den Vordruck auf der nächsten Seite aus, und senden Sie Ihre Notizen an:

Internationale Geschäftsstelle:

Partner Aid International PAI
Gisbert Dörr
Haldenweg 11
CH-8360 Eschlikon (Schweiz)
Fax: ++41 71 970 07 31

oder an die Autoren unter derselben Anschrift.

Vielleicht sind Sie aber auch Inhaber einer Firma und haben nach der Lektüre dieses Buches erkannt, dass Sie die Tätigkeit Ihrer Firma in die Länder des 10/40-Fensters ausweiten sollten. Dadurch würde eine neue Plattform entstehen, um das Reich Gottes zu fördern. Schreiben Sie uns. Wir unterstützen Sie gerne.

Name des Unternehmens:

Ihr Name:

Adresse:

Land:

Geschäftszweig:

Land, für das Interesse besteht:

Was können wir in der nächsten Auflage zum
Nutzen christlicher Geschäftsleute verbessern?

Fußnoten

1 Douglas, J. D. (Hrsg.), The New Bible Dictionary (Leicester: Inter-Varsity Press, 1962), 380, 716, 1144–1145, 1200, 1275.

2 Hamman, Adalbert, Die ersten Christen (Stuttgart: Philipp Reclam Jun., 1985), 17.

3 Allen, Roland, Missionary Methods: St. Paul's or ours? (Grand Rapids: Eerdmans Publishing Co., 1962), 14.

4 Brox, Norbert, Zur christlichen Mission in der Spätantike (Basel: Editiones Herder, 1982), 224–25.

5 Helman, Albert, Merchant, Mission and Meditation (Paramaribo: C. Kersten & Co. N.V., 1968).

6 Bis zum 14. Jahrhundert mußten Rabbis kostenlos lehren; später erhielten sie ein sogenanntes »Sechar Battla« (einen Ausgleich für die der Lehre geopferte Zeit), das praktisch einem Gehalt gleichkam. Schoeps, Julius (Hrsg.), Neues Lexikon des Judentums (Gütersloh: Bertelsmann Lexikon Verlag GmbH, 1992), 381.

7 Charlesworth, M. P., Trade Routes and Commerce of the Roman Empire (Chicago: Ares Publishers Inc., 1926), 93.

8 Vinay, S. und Sugden, C., Evangelism and the Poor (Bangalore: Asian Trading Corperation, 1982), 44.

9 Bonk, J., Missions and Money. Affluence as a Western Missionary Problem, 2. Aufl. (Maryknoll: Orbis Books, 1992), 97.

10 Lamsa, George M. und Emhardt, William Chauncey, The Oldest Christian People (New York: The Macmillan Company, 1926), 64.

11 Rennstich, Karl, Die zwei Symbole des Kreuzes (Stuttgart: Quell Verlag, 1988), 48.

12 Ibid., 35.

13 Ibid., 48. Die Straßen, die China mit dem Westen verbanden,

waren schon in frühester Zeit bei den Phöniziern bekannt, die sie für den Export von Rohseide nach Osten benutzt hatten, wie auch bei den Chinesen, die wunderbar gearbeitete Seidengewänder an europäische Handelsunternehmen versandt hatten (vgl. S. 33).

14 Stewart, Nestorian Missionary Enterprise (Edinburgh: T. & T. Clark, 1928), 5.

15 Wilson, J. Christy, Today's Tentmakers (Wheaton: Tyndale House Publ. Inc., 1985), 26–27.

16 Haussig, Hans Wilhelm, Die Geschichte Zentralasiens und der Seidenstraße in vorislamischer Zeit (Darmstadt: Wissenschaftliche Buchgesellschaft, 1992), 222.

17 Ibid., 225.

18 Ibid., 229.

19 Tokgozoglu, Y., The Nestorian Church in Central Asia (Fotokopie), Study-Paper for Doctoral Program, Indiana, 1993, 4 – vgl. Browne, L., The Eclipse of Christianity in Asia (Cambridge: Cambridge University Press, 1933).

20 Vine, A., The Nestorian Churches (London: Independent Press Ltd., 1937), Reprinted 1980, 61.

21 Chwolson, vgl. Tokgozoglu 1993, 25.

22 Helman, 25.

23 Ibid., 25, 26.

24 Danker, William, Profit For the Lord (Grand Rapids: William B. Eerdmans Publishing Company, 1971), 18.

25 Tucker, Ruth, From Jerusalem to Irian Jaya (Grand Rapids: Zondervan Corporation, 1983), 71.

26 Uttendörfer, Otto, Wirtschaftsgeist und Wirtschaftsorganisation Herrnhuts 1743-1800 (Herrnhut: Missionsbuchhandlung, 1926), 9.

27 Helman, 100.

28 Zimmerling, P., Nachfolge lernen: Zinzendorf und das Leben der Brüdergemeine (Moers: Brendow Verlag, 1990), 15.

29 Hahn, H.-Ch. und Reichel, H. (ed.), Zinzendorf und die

Herrnhuter Brüder (Hamburg: Friedrich Wittig Verlag, 1977), 322.

30 Helman, 9, 10.

31 240 Jahre Festschrift, 1747–1987, 4.

32 Helman, 121.

33 Siehe die Bilanz gemäß 135. Geschäftsbericht von 1994, vorgelegt anläßlich der Generalversammlung vom 22. Juni 1995. Bruttoumsatz insgesamt: 2.105.800.000 SFr. (30), Beschäftigte insgesamt: 6.772 (44) in 17 verschiedenen Ländern (50–52), in Europa, Afrika, Asien, den USA und Kuba.

34 Latourette, Kenneth Scott, A History of Christianity: Reformation to the Present, Bd. 2 (San Francisco: Harper Collins Publishers, 1975), 685.

35 Burckhardt, Paul, Geschichte der Stadt Basel (Basel: Helbing & Lichtenhahn, 1942), 6.

36 Wanner, Gustav Adolf, Eduard und Wilhelm Preiswerk (Zürich: Verein für wirtschaftshistorische Studien, 1984), 13.

37 Rennstich, Karl, Handwerker-Theologen und Industrie-Brüder als Botschafter des Friedens (Stuttgart: Christliches Verlagshaus GmbH, 1985), 36–37.

38 Dieses Thema wird ausgiebig behandelt in Kapitel 4.

39 Schlatter, Wilhelm, Geschichte der Basler Mission 1815–1915, Bd. 1 (Basel: Verlag der Basler Missions-Buchhandlung, 1916), 7.

40 Ibid., 12.

41 Ibid., 13.

42 von Orde, Klaus, Carl Mez: Ein Unternehmer in Industrie, Politik und Kirche (Gießen, Basel: Brunnen-Verlag, 1992). Der Großvater von Carl Mez stammte aus Lörrach. Er erlernte das Seidenweberhandwerk in Basel, wo er Marie von Bruk kennenlernte, die 1767 seine Frau wurde (S. 8).

43 Schlatter, 24–26.

44 Danker, 79.

45 1817 stieß der Kaufmann und Senator Bernhard Socin-Häusler zum Komitee. 1820 folgten ihm Imanuel Ryhner-Christ, dessen Freund und Kollege Immanuel Linder-Passavant und Peter Burkhardt-Imhof; 1828 folgte mit Burkhardt-Geilinger ein weiterer Kaufmann und Senator. Später kamen Senator Adolf Christ (ein direkter Nachfahre der nach Basel geflohenen Hugenotten, vgl. S. 26) und Karl Sarasin dazu. Siehe auch Rennstich (1987), 50–51.

46 Schlatter, 387–88.

47 Wiederum wird hier auf das protestantische Ethos von Arbeit und Kapital angespielt, dessen Auswertung in Kapitel 4 erfolgt und dessen Anwendung Thema im 5. Kapitel ist.

48 Danker, 102.

49 Wanner (1959), 32. Es soll durchaus nicht verschwiegen werden, daß leider viele Missionen, die geschäftlich involviert waren, Schritt für Schritt ihre Ideale hinter sich ließen, sich mißbrauchen ließen oder sonstwie vom Kurs abkamen und Werkzeuge des westlichen Kolonialismus-Imperialismus wurden, wobei Eingeborene unterworfen und ihre natürlichen Ressourcen ausgebeutet wurden. Die Basler Mission und die Herrnhuter liefern jedoch zwei Beispiele, bei denen das Ergebnis der kombinierten missionarisch-geschäftlichen Betätigung im allgemeinen eher positiv als negativ zu werten ist.

50 Danker, 96.

51 Wanner, 51.

52 Wanner, 30.

53 Danker, 103.

54 Ibid.

55 Wanner, 34.

56 Wanner, 40.

57 Exkurs: An dieser Stelle muß eine wichtige Frage angesprochen werden, auf die der Leser vielleicht schon wartet: Wie war eigentlich das Verhältnis dieser missionarischen Enga-

gements zum westlichen Kolonialismus- Imperialismus? Es muß leider eingeräumt werden, daß häufig ein zwielichtiges Verhältnis zwischen christlichen Missionierungsbestrebungen und kolonialer Machtausübung bestand. So betrachteten die meisten britischen Christen beispielsweise das britische Empire im 19. und 20. Jahrhundert als Instrument des Willens Gottes zum zeitlichen Wohl und ewigen Heil der unterworfenen Völker (vgl. B. Stanley, »Colonialism«, in: New Dictionary of Christian Ethics and Pastoral Theology, 239, 240). Mit Blick auf die hier ausgewählten und unter die Lupe genommenen Fälle muß freilich attestiert werden, daß weder die Herrnhuter noch die Basler Mission mit ihren nationalen Regierungen in Deutschland bzw. der Schweiz kollaborierten oder an dem Bestreben teilhatten, ihre Gastkulturen zu kolonisieren oder Interessen nationaler Politik zu vertreten. Persönliche Kontakte auf politischer Ebene mögen wohl bestanden haben, jedoch in keiner offiziellen oder organisierten Form. Deshalb wird in diesem Buch der Standpunkt vertreten, daß sie beide ein positiver Beleg für die Möglichkeit sind, Geschäfte als Träger für die Mission zu nutzen, ohne dabei in koloniale Allüren zu verfallen. Gleichwohl bleibt letzteres eine reale Gefahr, die nicht zu leugnen, aber um so mehr zu bekämpfen ist. Weitere Lektüre zu diesem Sachgebiet: Fieldhouse, D. K., Colonialism 1870–1945: An Introduction (London: 1981); Neill, D. K., Colonialism and Christian Missions (London: 1966); Stanley, B., The Bible and the Flag: Protestant Missions and British Imperialism in the Nineteenth and Twentieth Centuries (Leicester: 1990).

58 Schlatter, 390.
59 Schlatter, 163, 190.
60 Danker, 103 – 104
61 Schlatter, Bd. 2, 162.
62 Danker, 105.

63 Schlatter, Bd. 1, 392.
64 Wanner, 74.
65 Danker, 97.
66 Schlatter, Bd. 1, 393.
67 Wanner, 79.
68 Wanner (1959), 69.
69 Danker, 121.
70 Arnold, Walter und Lamparter, Fritz H., Friedrich Wilhelm Raiffeisen: Einer für alle – alle für einen, 2. Aufl. (Neuhausen-Stuttgart: Hänssler Verlag, 1996), 66 – 67.
71 Hierbei handelt es sich um die Länder zwischen dem 10. und 40. Breitengrad nördlich des Äquators. In diesem geographischen »Fenster« lebt das Gros der vom Evangelium unerreichten Weltbevölkerung.
72 Deckname (aus Sicherheitsgründen).
73 Um einer eventuellen Gefahr für die Missionsarbeit in den schwer zugänglichen Ländern, auf die hier Bezug genommen wird, vorzubeugen, haben die Autoren absichtlich jede direkte Nennung einzelner Länder vermieden.
74 Exkurs: Bericht über die Bedeutung dieser Art von Geschäft: Im sehr abgelegenen Süden eines islamischen Landes liegt eine Stadt mit ca. 150.000 Einwohnern mit nicht einem bekannten christlichen Einheimischen. Am Ende der achtziger Jahre gab es immer noch keine Möglichkeit für missionarisches Zeugnis. Der Ort ist berühmt für Okkultismus und Zauberei. Auf der Suche nach einer besonderen Art von handgefertigter Ware aus dieser Gegend und mit Blick auf einen möglichen »Einfuhrweg« für das Evangelium stattete ich eines Tages dem Handwerker, mit dem das Geschäft geführt werden sollte, einen gebetsreichen Besuch ab. Am Ende eines ermüdenden Tages in der entlegensten Ecke des Marktes für handwerkliche Erzeugnisse fand ich schließlich meinen Frieden: Ich hatte einen Handwerker getroffen, der ehrlich schien und hervorragende Produkte zu vernünftigen

Preisen anzubieten hatte. HIE richtete eine Geschäftsverbindung dorthin ein, und der Inlandvertreter von HIE kam in Kontakt mit den zwei Brüdern, die das Geschäft betrieben, was schließlich zu einer Beziehung führte, in der der Zeltmacher eingeladen wurde, über Nacht zu bleiben. Der Herr hatte den Weg für ein Gespräch über das Evangelium geebnet. Nachts wurde der Zeltmacher durch laute Stimmen geweckt, die im ganzen Haus widerhallten. »Bilde dir nicht ein, daß deine Botschaft irgendeine Wirkung an diesem Ort haben wird«, grölten sie. »Das hier ist unser Hoheitsgebiet, und du mußt verschwinden!« Unnötig zu erwähnen, daß der Mann schnell auf die Knie sank, den Namen und die Macht des Herrn Jesus Christus samt seinem Blut anrief, um die dämonische Demonstration zu beenden. Bei späteren Besuchen konnte er das Neue Testament und sogar ein Videoband über das Leben Jesu dazulassen.

75 Deckname (aus Sicherheitsgründen).
76 Alle diese Informationen entstammen einem vertraulichen Geschäftspräsentationsbrief, der sich im Besitz der Verfasser befindet.
77 Info-Blatt ebenfalls im Besitz der Verfasser.
78 Deckname (aus Sicherheitsgründen).
79 Atkinson, David J. und Field, David H. (Hrsg.), New Dictionary of Christian Ethics and Pastoral Theology (Leicester: Inter-Varsity Press, 1995); History of Christian Ethics von J. E. Hare, 33.
80 Hamman, 10.
81 Geiger, Max, Calvin, Calvinismus, Kapitalismus (Basel und Stuttgart: Verlag Helbing & Lichtenhahn, 1969), 250.
82 Tawney, R, Religion and the Rise of Capitalism (West Drayton: Penguin Books, 1938), 66.
83 Weber, Max, Die Protestantische Ethik I (Gütersloh: Gütersloher Verlagshaus, 1991), 363.
84 Wingren, Gustav, Luthers Lehre vom Beruf (München: Chr.

Kaiser Verlag, 1952.), 10. Siehe in: Luthers Werke, hrsg. v. Otto Elmen, Bd. 2 (Berlin: Verlag von Walter de Gruyter & Co., 1950), 188–298. Der ganze Entwurf von »De votis monasticis«, 1521, in lateinischer Sprache.

85 WA 25,385,26–29, zit. in: Lachmann, Werner, Wirtschaft und Ethik (Neuhausen: Hänssler, 1987), 177.

86 Graham, Fred, John Calvin, The Constructive Revolutionary (Richmond: John Knox Press, 1971), 78. Tatsächlich war Luthers wirtschaftliches Denken noch mittelalterlich. Er betrachtete die Landwirtschaft als höchste sittliche Norm, gefolgt von Handwerk und Handel, mit dem Kommerz als niedrigstem möglichen Niveau. Er hielt auch an der Theorie des Aristoteles von der Unfruchtbarkeit des Geldes fest. Siehe Martin Luther, Roland H. Bainton (Göttingen: Van den Hoeck & Rupprecht, 1967), 216.

87 Schulze, L. F., »Calvin on Interest and Property – Some Aspects of His Socio-Economic View«, 190.

88 In: Johannes Calvin, Otto Weber (Hrsg.), Institutio Christianae Religionis (Unterricht in der christlichen Religion), (Neukirchen: Verlag der Buchhandlung des Erziehungsvereins Neukirchen Kreis Moers, 1955), 447–452. Auch zit. in: Reid, W. Stanford, Jean Calvin: The Father of Capitalism?, 163. Calvin leitet diese wichtige Lehre von Titus 2, 11–14 ab.

89 Graham, 73.

90 Lachmann, 41.

91 Helman, 19, 20.

92 Siehe folgende Artikel in Atkinson: Noll, M. A., »Puritan Ethics« und »Pastoral Counselling of Puritans«, 712-714; Brown, Dale W., »Quaker Ethics«, 715; Kreider, A. F., »Menno Simons«, 585.

93 Tawney, 213.

94 Tawney, 233. Obwohl gerade Tawney »Individualismus« als das möglicherweise bedeutendste zugrunde liegende Charakteristikum (vererbt und abgeleitet von Calvins und der

Puritaner Ethos) für das Wachstum im Zeitalter der Industrialisierung im Westen ausmacht, ist seine Sicht von solchem Individualismus im wesentlichen negativ.

95 Tawney, 241.

96 Weber, 273.

97 Nach Webers Definition »die Ausübung eines sicheren, methodischen und vernunftorientierten Lebensstils (vom Kloster in die Welt) und das Sichenthalten von jeder Form des Luxus und der persönlichen Befriedigung durch unvernünftigen Konsum.« Siehe Weber, 347 und 369.

98 Weber, 186, und Lachmann, Werner, Wirtschaft und Ethik (Neuhausen: Hänssler Verlag, 1987), 165.

99 Weber, 36.

100 Weber, 36.

101 Siehe Tawney, 250, 251 und darin Fußnote Nr. 99 auf 319, wo holländische Investoren einschließlich ihrer Investitionsbeträge im einzelnen genannt werden.

102 Lachmann, 163.

103 Lachmann, 161.

104 Die Anfänge des modernen Kapitalismus, (München: 1916). Oder zwei Beispiele von Historikern mit marxistischem Ansatz wie Dubbs, Maurice, Studies in the Development of Capitalism (London: 1946) und Walker, P. C. Gordon, »Capitalism and the Reformation« in Economic History Review, VIII, (London: 1937) – bemerkenswert ist dabei allemal, daß Engels die These vertrat, das kapitalistische Ethos bestimme nachhaltig die Natur und Entwicklung von calvinistischen Glaubensüberzeugungen. Die neuen Kapitalisten beriefen sich auf calvinistische Überzeugungen, um ihre Tätigkeit zu rechtfertigen, was wiederum ihr wirtschaftliches Handeln verstärken würde (siehe Presbyteries and Profits, von Marshall, Gordon (Edinburgh: Edinburgh University Press, 1972), 254–255. Ferner: Bieler, AndrÄ, La PensÄe Economique et Sociale de Calvin (Genf: 1959) oder Fanfani,

Amintore mit Catholicism, Protestantism and Capitalism (London: 1935). Wahrscheinlich eine der wirkungsvollsten Kritiken ist die von Hudson, Winthrop, »The Weber Thesis Examined« in: Church History XXX (London: 1961). Die Liste könnte weiter und weiter gehen, an dieser Stelle soll damit aber Genüge getan sein.

105 Yancey, Philip beschreibt seine Erfahrungen aus erster Hand als Teil dieser Delegation in seinem Buch Praying with the KGB (a startling report) (Portland: Multnomah Press, 1992). Regierungsbeamte und einfache Bürger der Sowjetunion versicherten gleichermaßen, daß die wahre Krise, die ihre Nation erschütterte, moralischer und geistiger Natur gewesen sei (12). Yancey zitiert General Stoljarow mit den Worten: »Es kann keine Perestroika jenseits von Buße geben ... Wir haben die Zehn Gebote gebrochen, und dafür bezahlen wir heute« (33). Michail Gorbatschow räumte ein: »Wir befinden uns in einer geistigen Krise ... Wir werden eine tiefe und systematische Reform benötigen, ... und ich werte Solidarität als Religion« (65). Ein prominenter Wirtschaftsfunktionär der Regierung: »Die schlimmste Krise dieser Tage ist die der Moral. Die Ideologie, die für uns eine Religion war, ist vernichtet worden. Doch es gibt keinen Christus, sie zu ersetzen« (72). Der Chefredakteur der Prawda, des amtlichen Nachrichten- und Propagandablattes des Sowjetstaates, fügte hinzu: »Christliche Werte sind vielleicht das einzige, was unser Land vor dem Zusammenbruch bewahren könnte« (73).

106 Dex, S., »Capitalism«, in: Atkinson, 213.

107 Aus dem Zeitalter der Herrnhuter und der Basler Mission gibt es viel Schriftmaterial, das die in diesem Kapitel dargestellten Prinzipien dokumentiert. Man kann dieselben Grundsätze aber auch direkt aus der Bibel herleiten, indem man die christliche Praxis von der Zeit des Urchristentums bis zur nachapostolischen Epoche (1. bis 3. Jahrhundert) be-

leuchtet. Da aber nur sehr wenig Material über das Mittelalter (500 – 1500) verfügbar ist, ist dieser Zeitraum im wesentlichen gemieden worden, um Spekulationen nicht zuviel Raum zu geben – obwohl anzunehmen ist, daß dort dieselben christlichen Prinzipien umgesetzt wurden.

108 Danker, 74.

109 Danker, 131.

110 Hamilton, Don, Tentmakers Speak (Ventura: Regal Books, 1987). Thematisiert wird hier das westliche Problem, den »Arbeitstag«, eine dem Arbeitgeber gewidmete Zeit mit dem Zweck, Geld zu verdienen, isoliert zu betrachten als etwas, das sehr wenig bis gar nichts mit Dienst für die Sache Jesu zu tun hat. Wir denken an Abende und Wochenenden als Zeiten für Familie, Erholung, Gottesdienst und christliches Engagement. Die Bibel hingegen macht keinen Unterschied zwischen »sakral« und »säkular«.

111 Als Gott das sichtbare Universum schuf, bezeichnete er es als »sehr gut« (1. Mose 1, 31). Unsere Leiber sind Teil dieses geschaffenen stofflichen Universums, und unser Lebensunterhalt hängt von ihm ab. Dieses unglaubliche Universum ist also Gottes Versorgungssystem für den Menschen. Als solches ist es weder böse noch minderwertig. Wir sind aufgefordert, es Gott mit Danksagung in allem, was wir tun, zurückzuweihen. Es gibt da einen Sinn, nach welchem Gott alle Schöpfung für die Heiligung bestimmt hat – und das ganze Leben, auch das Geschäftsleben. Siehe auch Values in the Marketplace, v. Lykins, Jay, (Fullerton: R. C. Law & Co., Inc., 1991), 50f.

112 Solange es eine legitime Beschäftigung ist, die christlichen Werten nicht entgegensteht! Ein Drogendealer würde vermutlich nicht als jemand gelten können, der einem angemessenen Beruf nachgeht.

113 Hamilton, 66–67.

114 Siehe Lutherisches Kirchenamt, Was jeder vom Islam wissen

muß (Gütersloh: Gütersloher Verlagshaus Gerd Mohn, 1990). Auf S. 103 wird im Zusammenhang mit dem islamischen Wirtschaftssystem der Begriff »tauhid« als die vollständige islamische Einheit aller Lebensaspekte mit Allah erläutert.

115 Klöcker, Michael und Tworuschka, Udo (Hrsg.), Ethik der Religionen – Lehre und Leben, »Arbeit«, Bd. 2 (München: Kösel-Verlag GmbH & Co., 1985), »Islam«, von Tworuschka, Monika, 67 – 68. Tworuschka zitiert auch einen syrischen Schulbuchtext (81), in dem es heißt: Arbeit ist Verehrung Gottes: Jede Art von Arbeit (geistig, landwirtschaftlich, industriell oder kommerziell) wird im Islam insofern verstanden als Verehrung Gottes, als sie mit ehrbaren Absichten ausgeführt wird. Der Prophet (also Mohammed) sagt: »Arbeiten werden nur nach ihren Absichten und jeder Mensch nach seinen Motiven beurteilt werden.«

116 Steyne, Philip M., Gods of Power (Houston: Touch Publ. Inc., 1990), 37. Steyne meint, die animistische Weltanschauung sei im Prinzip mehr spirituell als materiell und jede Unterscheidung zwischen Religiösem und Weltlichem darin bedeutungslos.

117 Schriftliche Dokumente, die auf der ersten internationalen Konferenz für den Austausch unter Zeltmachern (T.I.E.), abgehalten im März 1995 in Asien, verteilt wurden. Aus Sicherheitsgründen fehlen hier exakte Daten und Ortsangaben. Der Verfasser ist persönlich bekannt.

118 Griffiths, Michael, Tinker, Tailor, Missionary? (Leicester: Inter-Varsity Press, 1992), 63.

119 Danker, 102.

120 Hamilton, 67. – Eine hart arbeitende Krankenschwester verbringt sechzig bis siebzig Stunden pro Woche mit außerordentlich ermüdender Arbeit. Eines Tages fragen ihre Kollegen sie, wie sie das schaffe. »Jesus hilft mir«, war die Antwort. »Jesus?« fragten die anderen zurück. »Wer ist das?«

Plötzlich wurde sie gewahr, daß ihr Beruf, ihre harte Arbeit, ihr eine einzigartige Gelegenheit verschafft hatte, einfühlsam und offen über den Glauben zu sprechen.

121 Helman, 34.

122 Danker, 46.

123 An anderer Stelle in diesem Buch wird der Faktor Korruption im Mittelpunkt der Betrachtungen stehen. An dieser Stelle genügt der Hinweis, daß das soziokulturelle Umfeld, in dem diese Missionare tätig waren (Surinam, Goldküste, Indien), hochgradig korrupt war.

124 Sein Buch Today's Tentmakers, die erste umfassende Darstellung zu diesem Thema, erschien 1979. Christy Wilson präsidierte auch dem Zeltmacher-Sonderausschuß innerhalb des Lausanner Komitees.

125 Wilson, 115.

126 1996 fällt in die Ära der Postmoderne, als deren Kennzeichen man Konsumhaltung, Mobilität, Wahlmöglichkeiten, Kommunikationsnetze, Globalisierung, die Leugnung absoluter Wahrheit und Pluralismus bzw. Beliebigkeit anführen kann. Wir leben nicht einmal mehr in nachchristlicher Zeit. Man schaue sich nur die täglichen Nachrichten an, um sogar in alten protestantischen Ländern wie Holland oder der Schweiz Beispiele zu finden, die belegen, daß Korruptionsaffären viel häufiger vorkommen als vor zwanzig bis fünfzig Jahren. Siehe auch Lyon, D. A., »Modernity and Postmodernity«, in Atkinson, 597ff.

127 Schriftliche Dokumente von der o. g. T.I.E.-Konferenz im März 1995. Die Regierung des Landes verlieh der Gesellschaft sogar offizielle Preise.

128 Helman, 57.

129 Schlatter, Bd. 2, 157f. Auch Weber, 279–298, berichtet in seinem Essay Die Protestantischen Sekten und der Geist des Kapitalismus daß, vor allem im 17. Jahrhundert, die »Kinder der Welt« ausschließlich zu den Baptisten und Quäkern gin-

gen, um einzukaufen, denn sie waren die einzigen mit festen Preisen. Ihren »weltlichen Pendants« wurde wenig Vertrauen entgegengebracht.

130 Heutzutage eine gängige Praxis. Siehe auch Elzinga, K. G., »Profit«, in: Atkinson 693–694.

131 Hay, Donald A., Economics today, (Leicester: Apollos, 1989). Vgl. den Kontext von Kapitel 5 auf Seite 299 – 303, wo er über Marktwirtschaft und Profitmaximierung unserer Zeit referiert. Profitmaximierung bedeutet, daß die Spanne zwischen Fixkosten eines Produktes und/oder seiner Endproduktion bis zum Verkauf immer weiter nach oben gedrückt wird. Dazu auch: Haan, Rolf, The Economics of Honour, (Genf: World Council of Churches Publications, 1988). Haan führt dem Leser die Natur und Herkunft ökonomischer Ungerechtigkeit vor Augen und zeigt auf, wie die biblische Perspektive die Wirtschaft menschlicher machen kann.

132 Danker, 140.

133 Als weitere Lektüre für den christlichen Geschäftsmann empfiehlt sich die Oxford Declaration of Christian Faith and Economics von 1990, in deutscher Sprache erschienen als idea-Dokumentation 120–190 oder als Buch von Sautter, Hermann und Miroslav Wolf, Gerechtigkeit, Geist und Schöpfung (Wuppertal: R. Brockhaus Verlag, 1992).

134 Helman, 127.

135 Die kleine Karibikinsel liegt nördlich von Surinam.

136 Danker, 86.

137 Materialien des Business-Trainingsseminars Values in the Marketplace, von Global Reach, Dr. Jay Likins, Geschäftsberatung. Im Besitz d. Verf. Siehe auch seine Publikation: Values in the Marketplace (Fullerton: R. C. Law & Co, Inc., 1991).

138 Schrenk, 68.

139 Danker, 121.

140 Danker, 37 und Helman, 100. Dadurch gewannen sie sogar einen höheren Stellenwert, vor allem dann, wenn sie zumindest halb alphabetisiert waren, denn in der Kolonie herrschte gewöhnlich ein Mangel an Facharbeitern.

141 Hamilton, 69–75, gibt einige praktische Beispiele.

142 Lewis, Jonathan (Hrsg.), Working Your Way to the Nations (Pasadena: William Carey Library, 1993), 11.

143 Lewis, 11/Kapitel 3.

144 Alle Unterlagen im Besitz der Verfasser.

145 Yamamori, Tetsunao, God's New Envoys (Portland: Multnomah-Press, 1987), 57.

146 Schrenk, S., Elias Schrenk (Ein Leben im Kampf um Gott) (Stuttgart: Evang. Missionsverlag GmbH, 1936), 70.

147 Hirzel, 171. Wenigstens kamen sie überein, daß Nitschmann nach seiner Ankunft in St. Thomas nur eine kurze Zeit bleiben und dann als erster wieder nach Herrnhut zurückkehren solle.

148 Lewis, Two essential skills, Kapitel 8. Chew weist nachdrücklich auf die beiden erforderlichen Hauptfähigkeiten des Zeltmachers hin, die des Evangelisierens und die der jüngerschaftlichen Schulung. Hierauf komme es insbesondere in den schwer zugänglichen, offiziell gegen jede offene Verkündigung des Evangeliums verschlossenen Ländern an, in denen öffentliche Versammlungen von Christen untersagt sind. S. 11.

149 Ruth Siemens, Gründerin und Direktorin von Global Opportunities, einer der ersten Organisationen für Recherche und Information, die christlichen Fachkräften über zeltmacherisch nutzbare Gelegenheiten auf der ganzen Welt Auskunft gibt. Eine Serie von über siebzig verschiedenen Info-Blättern wurde erstellt, die diverse Themen abdecken, die für die verschiedenen Zeltmacher-Situationen von Belang sind.

150 Siemens, Ruth E., GO-Info-Blatt H-1, The Tentmaker's Preparation (Pasadena: 1986).

151 Geiger, 278.

152 Tawney, 269.

153 1851 ließ sich der erste Webermeister John Haller in Balmatha nieder. Er fing nicht nur ein gut laufendes Textilgeschäft an, sondern entwarf auch die Khaki-Kluft, die zur Bekleidung der Armeen vieler Nationen wurde. Der Polizeichef von Mangalore war so begeistert, daß er seine gesamten Polizeitruppen in dieser Farbe einkleidete. Lord Roberts von Kandahar, damals Oberbefehlshaber der Streitkräfte Ihrer Majestät, empfahl die Einführung der Khaki-Uniformen auch in der britischen Armee, wozu es rasch kam. Siehe Wanner, 262–265.

154 Schlatter, Bd. 2, 160. Siehe auch Danker, 88. Was die Senatoren Christ und Sarasin in Indien erreichten, war zum damaligen Zeitpunkt in der Schweiz nicht möglich. Konservative Politiker gestatteten die Einrichtung einer obligatorischen Krankenversicherung für gewöhnliche Arbeiter in Basel nicht. Siehe Rennstich, 1985, 100.

155 Christian Friedrich Spittler war der entscheidende Förderer im Rahmen der Gründung der Basler Mission.

156 Rennstich, 69–77. Schon 1845 wurde diese Modellschule 38 Mal in Deutschland initiiert, und sogar in Rußland und Frankreich gab es Ableger.

157 Danker, 9.

158 Helman, 139. Der Fonds funktionierte wie eine Versicherungsgesellschaft, denn er gewährleistete freie medizinische Versorgung und Behandlung, mögliche Unterstützung während langer Krankheit, eine Ausschüttung im Todesfall und eine kleine Pension für den Fall dauerhafter Behinderung oder durch Altersschwäche bedingter Gebrechen.

159 Wilson, 31.

160 Yeats, C., »Social Ethics«, in: Atkinson, 797.

161 Eine von den Herrnhuter Brüdern 1768 in Surinam gegründete Import-Export-Firma. Ihre 200 Jahre umfassende Geschichte ist Gegenstand in Albert Helmans Buch Merchant, Mission and Meditation.

162 Helman, 190.

163 Abkürzung für Christian Kersten & Co.

164 Helman, 9.

165 Helman, 103.

166 Beck, Hartmut. Brüder in vielen Völkern (Erlangen: Verlag der Ev.-Luth. Mission, 1981), 321. Ich (Suter) habe persönlich Kenntnis von vergleichbaren Fällen, darunter moderne Mennoniten-Kolonien in Paraguay, mit denen ich in persönlichem Kontakt stehe. Der frühere Präsident (und Diktator) Stroessner war der mennonitischen Gemeinde besonders positiv gesonnen, weil sie weite Teile des Dschungels im Landesinnern von Paraguay abholzte.

167 Dies trifft nicht nur auf jüdisch-christliche Kulturen, sondern auch auf solche zu, die vom Buddhismus, Konfuzianismus und Islam bestimmt sind. (So wird z. B. der arabische Ölbesitz als ein Zeichen für Allahs Segen genommen.) Siehe dazu Klöcker, Michael und Udo Tworuschka, Ethik der Religionen (1985).

168 Rennstich, 61.

169 Siehe die Biographie Carl Mez, Ein Unternehmer in Industrie, Politik und Kirche von Klaus von Orde (Basel: Brunnen-Verlag, 1992). Carl Mez gehört zu den einflußreichen protestantischen Geschäftsleuten, die Carl Spittler bei der Gründung der Basler Mission zur Seite standen.

170 Seine offiziellen, politischen Aufgaben führten ihn oft nach Stuttgart, Frankfurt, Bremen, Zürich, Winterthur, Bern und Genf. Siehe Schlatter, Bd. 1, 262.

171 Schlatter, 265 – 66.

172 Hammar, 80 – 89.

173 Weiterführende Lektüre zum Thema Christ und Politik: Vi-

nay, Samuel und Hauser, Albrecht (Hrsg.), Proclaiming Christ in Christ's Way, Studies in integral Evangelism (Oxford: Regnum Books, 1989); Rene Padilla, The Politics of the Kingdom of God and the Political Mission of the Church, 180–98; Yoder, John, The Politics of Jesus (Grand Rapids: W. B. Eerdmans, 1986); Serrano, Jorge, La Participacion del Cristiano en la Vida Publica (Miami: Unilit., 1990).

174 Sowohl die Herrnhuter als auch die Basler Mission hatten einen eindeutigen missionarischen Ruf, eine klare Vision, und beide Bewegungen fußten auf dem alleinigen Beweggrund, »die Verlorenen für Christus zu gewinnen.«

175 Otto Schott (Inspektor von 1879 – 1884). Siehe Schlatter, Bd. 1, 303–316.

176 Danker, 85. Schotts Ansicht war eine Folge seiner Inspektionsreise nach Indien, wo er Zeuge von Wein- und Bierverkäufen in einem Laden der Mission wurde und den Eindruck gewann, daß die Abhängigkeit der Inder von den Basler Missionsfabriken zu groß sei. Schlatter, Bd.1, 313.

177 Danker, 108 – 110, siehe auch Wanner, 48 – 49. Unter wirtschaftlichen Gesichtspunkten war Zellwegers Überlegung wohl richtig. Er war als ausgezeichneter Ökonom bekannt und wollte die Sklaverei in Afrika durch ein weitreichendes Netz von Handelsniederlassungen und Baumwollplantagen abschaffen. Zu diesem Zweck strebte er an, noch viel mehr Geschäftsleute auszusenden, was gewisse Spannungen erzeugte, da die Mission nicht über genügend qualifizierte Handelsmissionare und Landwirtschaftsexperten verfügte. Siehe Wanner, 48.

178 Zellweger gab 1864 sein Amt auf, Schott 1884. Siehe Danker, 108 – 110, Schlatter, 313 – 316, Wanner, 34 – 49.

179 Von Christian Kersten, der die Gesellschaft 1768 gründete, hieß es, daß er nicht zum Geschäftsmann geboren sei (Helman, 77). Trotzdem florierte das Geschäft und trägt noch heute seinen Namen.

180 Helman, 110. Dies hing wahrscheinlich mit ihrem Missions-
konzept zusammen. Heute würde man, ausgehend vom
Verständnis des Begriffs »Reich Gottes«, diese Handlungs-
weise nicht mehr als mit der Rolle ihrer Mission konkurrie-
rend auffassen, da »prophetisch zu sein« oder laut gegen
Unrecht Stellung zu beziehen als Teil des missionarischen
Anliegens verstanden würde. – Als weiterführende Lektüre
sei Vinay und Hauser empfohlen. Verantwortlich für den
Inhalt waren namhafte Evangelikale aus fünf Kontinenten,
die sich selbst in der Tradition ganzheitlicher Evangelisation
sahen, wie sie auf der Lausanner Konferenz 1974 zum Ausdruck gebracht und angeregt wurde. Siehe Let the Earth
Hear His Voice (Minneapolis: World Wide Publ., 1975). Namentlich Rene Padillas »Evangelism and the World« (146 –
194) und Samuel Escobars »Evangelism and Man's Search
for Freedom, Justice and Fulfillment« (385 – 426).

181 Danker, 75.

182 Danker, 134. Danker präzisierte diese »vernünftige Methodologie für Mission« jedoch nicht.

183 Danker, 137. Mit den Jahren verlor das missionarische Anliegen, von den Folgen liberaler Theologie eingeholt, seine
Vorrangstellung.

184 Siehe unter Luthers »vocatio dei« und unter Calvin über
»Arbeit«, ferner »Die Puritaner«. Dieses protestantische
Ethos zur Arbeit bedarf jedoch einer gewissen Abwägung;
andernfalls könnte der Eindruck entstehen, daß Arbeit eo
ipso schon Sinn und Ziel des Lebens sei, was, wie wir wissen, nicht stimmt. Eine neue theologische Grundlage ist mit
der »Oxford Declaration on Christian Faith and Economics« ausgearbeitet worden. Über hundert Theologen,
Wirtschaftswissenschaftler, Kirchen- und Entwicklungshil-
ferepräsentanten sowie Manager aus der Geschäftswelt,
Wissenschaftler von Forschungsinstituten und Universitä-
ten kamen im Januar 1990 zusammen. Ihr Ansatz ist, Arbeit

als Geistesgabe aufzufassen (2. Kor. 1, 22; Röm. 8, 23), gegeben zum Nutzen für unseren Mitmenschen. Arbeit und Leben dienen nicht allein als Ausdrucksmittel asketischer Praxis (wie im puritanischen Ethos), sondern auch zum Genuß (1. Tim. 6, 17: »Gott, der uns alles reichlich darreicht zum Genuß«). Siehe Sautter und Wolf, Miroslav, Gerechtigkeit, Geist und Schöpfung (Wuppertal, Zürich: R. Brockhaus Verlag, 1992). Insbesondere die Seiten 39, 40, 43, 58.

185 Die Basler Missions-Handelsgesellschaft trennte sich schließlich von der Mission; gegen den Ersten Weltkrieg hin verlor sie auch die meisten ihrer Firmen, Fabriken, Warenhäuser und Ländereien. Erst nach dem Zweiten Weltkrieg erlebten die Erben der Basler Missions-Handelsgesellschaft, nunmehr unter dem Namen Unions-Handelsgesellschaft, die Wiederherstellung einiger ihrer früheren Besitztümer und Vermögenswerte in Afrika und Indien. Siehe Wanner, 1959, Teil 4, 299 – 421. Das Herrnhuter Unternehmen »C.K.C.« in Surinam ist seinen christlichen Idealen in den letzten fünfzig Jahren weitgehend entwachsen. Die Gesellschaft existiert zwar noch und steht noch immer für christliches Zeugnis, aber wie viele andere Denominationen ist die Unitas Fraternum (die Herrnhuter Brüdergemeine) absolut liberal geworden. Man darf mit einigem Recht annehmen, daß dies das Schicksal einer jeden christlich-missionarischen Gesellschaft sein könnte, sobald sie ein gewisses Alter überschritten hat. Aber es macht schon einen Unterschied für diese Welt aus, wenn ein Unternehmen auch nur zwanzig, dreißig oder fünfzig Jahre lang mit einem eindeutig evangelistischen Konzept tätig ist.

186 Angus I., Kinnear, Against the Tide: The Story of Watchman Nee (Eastbourne: Victory Press, 1973), 126- 135. Zit. v. Wilson, 70.

187 Wilson, 70 und Hamilton, 15.

188 Haan, 63.

189 Das ist gegenwärtig das hauptsächliche, wenn nicht einzige Motiv für viele Geschäftsleute, Christen eingeschlossen. Das alte protestantische Ethos für die Welt der Wirtschaft war geprägt von der Vorstellung vom Menschen als Verwalter in Verantwortung vor Gott und seiner Schöpfung. Weiterführende Lektüre dazu siehe Prior, K. F. W., God and Mammon (Philadelphia: Westminster Press, 1965), insbesondere Kapitel 4 zum Thema »Stewardship«, 43 – 55.

190 Man könnte argumentieren, daß der christliche Gesellschaftseigner ja selbst fortfuhr, auf die einheimischen Produzenten einzuwirken. Mag dies auch bis zu einem gewissen Grade wahr sein, so hatte er selbst doch keine Ahnung von der einheimischen Sprache und sehr wenig von den einheimischen Sitten und Bräuchen – zwei Dinge, in denen die missionarisch engagierten Kaufleute der Mission nach den vielen Jahren, die sie in dem Land verbracht hatten, natürlich sehr gut Bescheid wußten.

191 Das Wort Korruption wird hier in seinem weiter gefaßten Sinn gebraucht und steht für Machtmißbrauch (Unrecht, Annahme von Bestechungsmitteln) in politischen, wirtschaftlichen, technischen und sozialen Positionen und Institutionen und ihren jeweiligen allgemeinen Verwaltungsstrukturen. Vgl. Rennstich, 1985, 197.

192 Palästina, Ägypten, Mesopotamien etc.

193 Kleiner, Paul hat in seinem Buch Bestechung: Eine theologisch-ethische Untersuchung (Bern/New York: Peter Lang, European University Studies, 1992) eine tiefgehende Studie von AT- und NT-Abschnitten zum Thema Korruption und Bestechung (101–149) vorgelegt. In seinem Kapitel 5 (84–100) verdeutlicht er, daß es sehr wenig theologisch ausgearbeitetes Material dazu gibt.

194 Der erste von vielen Kirchenvätern, darunter Origines, Dionysius, Athanasius, Arius und Cyrill, die gegen Ende des 2.

Jahrhunderts als die »Alexandrinische Schule« bekannt wurden. Siehe Hamman, 27.

195 Hamman, 56. Hier berichtet Hamman auch von einem gewissen Calixtus, der später Papst (Bischof von Rom) werden sollte und der, zunächst Sklave eines Geldverleihers, mit der Kasse und den Ersparnissen von Witwen und Brüdern floh. (Später tat er in einem Zwangsarbeitslager Buße und empfing schließlich sogar noch die Weihen geistlicher Leiterschaft.)

196 In der Lausanner Vereinbarung heißt es laut Paragraph 10 betreffend Evangeliumsverkündigung und Kultur: »Da die Menschheit Gottes Schöpfung ist, birgt ihre Kultur Schönheit und Anmut in reichem Maße. Doch seit der Mensch in Sünde gefallen ist, ist alles durch die Sünde entstellt und vieles ist unter dämonischen Einfluß geraten.« Diese Definition macht deutlich, daß alle Kulturen und Gesellschaften korrupt sind! Noonan, John T., Jr., Bribes (New York/London: Macmillan Publishing Company, 1984), zit. v. Kleiner, 159, zeigt anhand von über 700 Fällen von der Zeit der Sumerer durch sämtliche Zeitalter hindurch, daß Bestechung und Korruption ein weltweites und allgegenwärtiges Problem waren und sind. Weiterführende Lektüre: Kraft, Charles H., Christianity in Culture (New York: 1979). Niebuhr, H. R., Christ and Culture (London: 1952). Siehe auch Willowbank-Report, Lausanne-Konferenz in Bermuda vom Januar 1978. In: Lausanne geht weiter (Neuhausen: Hänssler Verlag, 1980).

197 Siehe Yeats, C., ibid., zusammen mit folgenden Artikeln in Atkinson: Pigott, J. P., »Covetousness«, 267 – 268. und Pigott, »Jealousy and Envy«, 506 – 507.

198 Helman, 57.

199 Rennstich, 138 – 139.

200 Wilson, 114.

201 Dies ist jahrelang die Praxis eines (den Verfassern persönlich

bekannten) Ingenieurs gewesen, der an Entwicklungshilfe-
projekten in den nordafrikanischen Gebirgen mitwirkt.
Viele islamische Gemeinschaften haben so Zeugen einer lebendigen Umsetzung des Evangeliums werden können!

202 Einige Fälle sind den Verfassern persönlich bekannt.

203 Hier wird vorausgesetzt, daß, wenn der Mittelsmann Geld
für Bestechungen verwendet, dies »sein« Problem sei. Auch
wenn der Kaufmann-Missionar oder christliche Geschäftsmann immerhin eine persönliche Verstrickung umgeht,
kann dies doch nicht als eine absolut »saubere« Lösung angesehen werden.

204 Kleiner, 230.

205 Rennstich, Karl, Korruption: Eine Herausforderung für
Gesellschaft und Kirche (Stuttgart: Quell-Verlag, 1990),
223–228.

206 Kleiner, 206.

207 Rennstich, 79.

208 Lüge ist demzufolge die Verneinung, Leugnung und wissentliche und willentliche Zerstörung der Wirklichkeit, wie
sie von Gott geschaffen ist und in Gott besteht, und zwar
soweit diese durch Worte und durch Schweigen geschieht.«
Rennstich, 81, vgl. Bonhoeffer, frei zitiert.

209 Hay, 255.

210 Informationen hierüber bekommt man durch Botschaften,
internationale Rechtsgesellschaften oder Forschungsreisen.
Handelskammern und internationale Handelsmessen sind
ebenfalls besonders gute Quellen.

211 Wegen der höheren Ungewißheit für Ausländer in bezug auf
Bürgerrechte, aber mehr noch wegen des Risikos für Leben
und Vermögenswerte wurden ganze kommerzielle und industrielle Komplexe errichtet, die von Mauern umgeben
und geschützt waren. Manchmal entwickelten sich ganze
Kolonien aus solchen »Fabriken«, z. B. in Britisch-Indien.
Siehe Fußnote 140 in: Wanner, 1959, 561.

212 Rennstich, 127. Hay, 254, nimmt Stellung zu der hinduisti-
schen Auffassung, daß man nicht um materiellen Wohlstand
besorgt sein sollte, sondern vielmehr um die Entwicklung
des Innenlebens, die wahrscheinlich mit ein Grund für Indiens auch heute noch eher ärmliche wirtschaftliche Lage
ist. Die Basler Missionsfabrik ergriff dagegen die Gelegenheit, ein »Veränderungsträger« zu werden, gab jungen indischen Konvertiten eine neue ethische Anschauung von Arbeit.

213 Bei zahlreichen Besuchen auf dem Missionsfeld unerreich-
ter, fremder Kulturen war Gelegenheit, die neue Einstellung
zu erleben, die von einem christlichen Arbeitgeber mit
christlichen Grundsätzen beschäftigte Einheimische der Arbeit gegenüber entwickelt hatten.

214 Wanner, 301 – 304.

215 Schrenk, 75 – 77. Siehe auch Wanner, 562, Fußnote 141, wo
geschildert wird, wie das Erdbeben vom 10. Juli 1862 zu einem Rückschlag für die missionarisch-geschäftlichen Am-
bitionen wurde.

216 Yamamori, Tetsunao nennt in seinem jüngsten Buch Pene-
trating Mission's final Frontier, 1993, 35 »hochgradig ver-
schlossene« Länder – fast alle von ihnen sind bevölkert von
unerreichten Volksgruppen, und die Mehrzahl von ihnen
gehört zum 10/40-Fenster. Siehe 30 – 35.

217 Marquardt, Horst und Parzany, Ulrich (Hrsg.), Evangelisation mit Leidenschaft (Neukirchen-Vluyn: Aussaat Verlag,
1990), 218.

218 Yamamori, 51 – 56.

219 Zahlen aus: Global Diagram 6, Barrett, David und Todd, M.
Johnson, Our Globe and how to reach it (Birmingham:
New Hope/The AD 2000 Series, 1990), 19.

220 General Agreement on Tariffs and Trade (internationales
Handelsabkommen). Siehe Sir Frederic Catherwood, »International Trade«, in: Atkinson, 500 – 502.

hänssler

Martin Landmesser & Johannes Sczepan (Hrsg.)
Was morgen zählt
Zukunft in Wirtschaft und Gesellschaft erfolgreich gestalten
Pb., 240 S.
Nr. 392.751, ISBN 3-7751-2751-8

Wie gehen wir als Christen mit Veränderungen in Wirtschaft
und Gesellschaft um? Und wie verhalten wir uns in einer Zeit,
in der man über »Leichen« geht, um etwas zu erreichen?
Hier finden Christen Konzepte und Strategien für ein enga-
giertes und bewußtes Christsein in unserer Gesellschaft:
zukunftsweisende Beiträge vom Deutschland-Kongreß 1996
von »Christen in der Wirtschaft«.

Bitte fragen Sie in Ihrer Buchhandlung nach diesem Buch!
Oder schreiben Sie an den Hänssler-Verlag, Postfach 12 20,
D-73762 Neuhausen.

hänssler

Martin Landmesser & Johannes Sczepan (Hrsg.)
Zukunft erfolgreich gestalten
Fit für die Herausforderungen von morgen
Pb., 256 S.,
Nr. 392.893, ISBN 3-7751-2893-X

Aus dem Inhalt:
- Martin Landmesser: Herausforderung Zukunft
- Johannes Sczepan: Mobilität, die entscheidende Fitneß für morgen
- Prof. Dr. Rumpf: Als Arbeitnehmer fit für den Arbeitsmarkt von morgen werden
- Dr. Jörg Knoblauch: Mitarbeiter zu Mitunternehmern machen
- Friedbert Gay: Wie Mitarbeiter fit für morgen werden
- Martin Krüger: Ganzheitlich wirken bringt Sie voran

u. a.

Bitte fragen Sie in Ihrer Buchhandlung nach diesem Buch!
Oder schreiben Sie an den Hänssler-Verlag, Postfach 12 20,
D-73762 Neuhausen.